Schriften des deutschen Vereins
für
Armenpflege und Wohlthätigkeit.

Achtundfünfzigstes Heft.
Die Einrichtung von Notstandsarbeiten und ihre Erfolge.

Leipzig,
Verlag von Duncker & Humblot.
1902.

Die Einrichtung von Notstandsarbeiten und ihre Erfolge.

Gutachten

von

Beigeordnetem Dr. **Paul Hartmann** (Barmen)

und

Beigeordnetem Dr. **Rudolf Schwander** (Straßburg i. E.).

Leipzig,
Verlag von Duncker & Humblot.
1902.

Alle Rechte vorbehalten.

Die Einrichtung von Notstandsarbeiten und ihre Erfolge.

Bericht von **Dr. Hartmann**, Beigeordneter in Barmen.

Wohl jede Gemeinde und jede Armenverwaltung macht die Erfahrung, daß im Winter die sogenannten Saisonarbeiter, insbesondere die Bauhandwerker, wenn sie durch die Witterung zur Einstellung der Arbeit gezwungen werden, trotz der in der besseren Jahreszeit verdienten höheren Löhne nicht imstande sind, sich und ihre Familie zu ernähren. Diese Arbeitslosigkeit ist eine regelmäßig wiederkehrende Erscheinung und nimmt gewöhnlich keinen großen oder gar bedrohlichen Umfang an. Weit ernster sieht dagegen die Art von Arbeitslosigkeit aus, die die fortschreitende industrielle Entwicklung und vor allem der Übergang zur Exportindustrie vielen Kulturstaaten gebracht hat, nämlich die Arbeitslosigkeit als Folge von Krisen auf dem Weltmarkte.

Nachdem einige Jahre hindurch die allgemeine Geschäftslage eine gute gewesen, die Betriebe sich immer mehr ausgedehnt und große Arbeitermassen aufgenommen haben, tritt plötzlich aus Ursachen, die bis jetzt niemand recht zu erkennen, geschweige denn zu beherrschen gelernt hat, eine Stockung für das ganze Erwerbsleben oder doch wesentliche Zweige des letzteren ein. Die Folge davon ist, daß in kurzer Zeit von den in den Industriestädten zahlreich zusammengeströmten Arbeitern Tausende und Abertausende entlassen und brotlos werden. Ein Übergang zu einem anderen Erwerbszweige, der ohnehin sehr schwierig, ist unmöglich, da vielfach eine Lähmung des ganzen wirtschaftlichen Lebens eintritt, und infolgedessen sieht selbst der fleißige, arbeitswillige Arbeiter Not und Entbehrung herannahen. Dazu kommt, daß neben jenen auffälligen und meist mit einem Schlage sich einstellenden Krisen in neuerer Zeit eine schleichende Krisis, wie sie Georg Adler[1] nennt, weniger bemerkbar einhergeht.

Diese Krisis wird dadurch hervorgerufen, daß an die Stelle von Handwerk und Hausindustrie der Fabrikbetrieb mehr und mehr eingeführt wird.

---

[1] Handwörterbuch der Staatswissenschaften Bd. I, 2. Aufl., S. 924.

Wenn auch manche der hierdurch verdrängten Arbeiter „von den aus dem Konkurrenzkampfe siegreich hervorgehenden Betrieben" wieder aufgenommen werden, so besteht doch kein Zweifel daran, daß viele Kräfte durch die in den Fabriken herrschende Maschine entbehrlich gemacht werden und die Zahl der zeitweilig oder ständig Arbeitslosen vermehren helfen.

Bedeutet nun schon die allwinterlich auftretende Arbeitslosigkeit für die von ihr Betroffenen eine mehr oder weniger schwere Schädigung in materieller und sittlicher Beziehung, so kann, wenn es sich um eine Krisis auf dem Weltmarkte handelt, der dadurch bedingte Umfang der Arbeitslosigkeit geradezu verhängnisvoll werden. Daß bei vielen Tausenden unbeschäftigter Personen die Gefahr nahe liegt, daß die öffentliche Ordnung durch Zusammenrottungen, Straßenkrawalle und Ausschreitungen aller Art gestört wird, ist selbstverständlich[1]; die Gefahr ist um so größer, als erfahrungsgemäß in Zeiten, wo das Erwerbsleben zu stocken beginnt, zuerst die untüchtigen und meist auch in sittlicher Beziehung minderwertigen Arbeiter entlassen werden. Eine kleine Probe, wozu Arbeitslosigkeit führen kann, und noch dazu in einer Stadt, die, wie vorweg bemerkt werden darf, in der planmäßigen Bekämpfung der Arbeitslosigkeit mehr getan hat wie manche andere Gemeinwesen, geben die allbekannten Straßenscenen, die sich im Januar dieses Jahres in Frankfurt a. M. abgespielt haben.

Die schlimmen Folgen der Arbeitslosigkeit sind denn auch längst erkannt worden; schon seit manchen Jahrzehnten haben die Industriestädte, die ja in erster Linie dazu berufen waren, es sich angelegen sein lassen, der Arbeitslosigkeit entgegen zu treten. Welche Mittel standen und stehen dafür zu Gebote?

Früher hat man wohl zunächst an das Eingreifen der Armenverwaltung gedacht, und es gibt heute noch einige Wenige, die glauben, daß mit den Almosen, die die Armenverwaltung spendet, die menschliche Gesellschaft den Arbeitslosen gegenüber ihre Pflicht erfüllt habe. Die Scharen der Arbeitslosen aber, die im Winter stürmisch an die Pforten der Rathäuser klopfen, wollen keine Armenunterstützung; ihr politisches Empfinden ist soweit geschult, daß sie in dem mit der Armenunterstützung verbundenen Verlust des Wahlrechts eine Demütigung und Entehrung erblicken. Jeder Vernünftige, mag er über den Wert des Wahlrechts des einzelnen in Staat und Gemeinde denken wie er will, wird anerkennen müssen, daß ein Stück Idealismus in dieser Anschauung der Arbeiter steckt. Aber auch vom Standpunkte der Armenverwaltung selbst muß die Armenunterstützung als ein schlechtes Mittel bezeichnet werden. Nichts drückt den sittlichen Wert einer Persönlichkeit mehr herunter als der Empfang von Gaben, für die nichts geleistet wird, und deshalb ist die Befürchtung nicht von der Hand zu weisen, daß, wenn bei arbeitswilligen Personen das Gefühl hierfür einmal abgestumpft ist, die Arbeitslust nach und nach verschwindet und die Armenverwaltung später gezwungen ist, ständig einzuschreiten.

Ferner kommt als Mittel zur Verhütung der Arbeitslosigkeit der Arbeitsnachweis in Betracht. Fast allgemein wird jetzt anerkannt, daß

---

[1] Beispiele führt Georg Adler a. a. O. S. 925—926 an.

ein gut geleiteter Arbeitsnachweis, zu dem beide Parteien, Arbeitgeber wie Arbeitnehmer, volles Vertrauen haben, außerordentlich segensreich dadurch wirkt, daß er die Zeit der Arbeitslosigkeit verkürzen hilft. Dies würde in noch höherem Grade als gegenwärtig der Fall sein, wenn ein Netz von Arbeitsnachweisen sich über das ganze Reich erstreckte und so die Möglichkeit gegeben wäre, mehr als bisher Angebot und Nachfrage auszugleichen. Daher ist es auch im Interesse einer allseitigen Bekämpfung der Arbeitslosigkeit sehr zu bedauern, daß die sozialpolitischen Debatten des Reichstags im Januar ds. Js. unerwarteterweise eine Ablehnung der Resolution Rösicke-Pachnicke über die Errichtung von kommunalen, paritätischen Arbeitsnachweisen gebracht haben. Allein so wichtig und wirksam der Arbeitsnachweis als vorbeugendes Mittel ist, Arbeit zu schaffen vermag er nicht. Dies kommt erst recht zum Bewußtsein, wenn sich in Zeiten geschäftlichen Niederganges, wie augenblicklich, große Mengen von Arbeitsuchenden an den Schaltern der Arbeitsnachweisstellen drängen und das Verhältnis der offenen Stellen zur Zahl der Arbeit Begehrenden ein höchst ungünstiges ist.

So bleibt denn als letztes Mittel, das einer Gemeinde zu Gebote steht, um den feiernden Händen Beschäftigung zu geben, nur die Schaffung von Arbeitsgelegenheit übrig. Notstandsarbeit ist ein Wort, das manchen städtischen Verwaltungen außerordentlich bekannt, allerdings nicht immer angenehm klingt; sind doch im Laufe des verflossenen Jahrhunderts in fast allen Industriestädten von Zeit zu Zeit — man braucht nur an die Jahre 1848—49 und 1876—77 zu erinnern — Notstandsarbeiten vorgenommen worden, und haben sich diese doch in einigen Städten, z. B. Colmar und Offenbach, zu einer ständigen, sich alle Winter wiederholenden Einrichtung herausgebildet. Notstandsarbeit ist auch das Mittel, mit dem man nicht allein bei uns in Deutschland der Arbeitslosigkeit zu Leibe geht, das vielmehr fast in allen Kulturstaaten zur Anwendung kommt. Notstandsarbeiten wurden in England unternommen in den Jahren 1861—65, als die Spinnereien gänzlich darniederlagen[1]; umfangreiche Notstandsarbeiten haben in Australien in den achtziger Jahren des vorigen Jahrhunderts gewaltige Summen verschlungen[2], und ebensolche Arbeiten werden aus den Vereinigten Staaten von Nordamerika[3] und aus Frankreich gemeldet, dem Lande, in dem sogar ein Reglement für Notstandsarbeiten zu finden ist[4].

Im folgenden soll behandelt werden die Einrichtung von Notstandsarbeiten und ihre Erfolge. Um die hierzu notwendigen Unterlagen zu gewinnen. ist an sämtliche, dem Deutschen Verein für Armenpflege und Wohltätigkeit angehörenden Stadtgemeinden ein Fragebogen Anfang April d. Js. versandt worden, also zu einer Zeit, in der man Aufschluß über die im letzten Winter ins Werk gesetzten Notstandsarbeiten erwarten durfte. Die Fragen bezogen sich auf die Ergebnisse der beiden letzten

---

[1] Wolf, Die Arbeitslosigkeit und ihre Bekämpfung S. 26—27.
[2] Daselbst, S. 34 Anm. 18.
[3] Schanz, Dritter Beitrag zur Frage der Arbeitslosenversicherung und der Bekämpfung der Arbeitslosigkeit, S. 380, Anm. 5.
[4] Soziale Praxis, Jahrgang 1897 Sp. 531.

Winter. Da sich aber herausgestellt hat, daß in dem Winter 1900—1901 die meisten Gemeinden zur Einrichtung von Notstandsarbeiten nicht übergegangen waren, weil damals der inzwischen stark eingetretene geschäftliche Niedergang sich noch nicht hinreichend fühlbar gemacht hatte, so sollen der Einheitlichkeit halber lediglich die sich auf den letztverflossenen Winter beziehenden Ermittelungen zu Grunde gelegt werden[1]. Es sei hier gleich betont, daß von den rund 230 in Frage stehenden Gemeinden fast alle in bereitwilligster und dankenswertester Weise geantwortet haben.

Bei einer nicht unerheblichen Anzahl von Gemeinden lautete auch für für den Winter 1901—1902 die Antwort dahin, daß sie von der Einrichtung von Notstandsarbeiten hätten absehen können, weil sich Arbeitslosigkeit nicht oder doch nicht in einigermaßen bemerkenswertem Umfange gezeigt habe. Es wird demnach die Wahrnehmung bestätigt, die von verschiedenen Seiten, vornehmlich von dem Ausschuß des Verbandes deutscher Arbeitsnachweise, gemacht ist[2], daß die Arbeitslosigkeit sich nicht etwa über das ganze Reich oder alle Erwerbszweige erstreckte, sondern höchst ungleich verteilt war. Folgende Gemeinden waren in der glücklichen Lage, auf die Vornahme von Notstandsarbeiten verzichten zu dürfen: Altenburg, Altona, Alzey, Anklam, Annaberg, Baden-Baden, Barmen, Beuthen, Biberach, Brandenburg, Bremen, Bremerhaven, Celle, Charlottenburg, Coburg, Dülken, Eibenstock, Eisleben, Emmerich, Flensburg, Forst, Frankfurt a. O., Gera, Gernsheim, Gleiwitz, Glogau, Gmünd, Gnesen, Göppingen, Graudenz, Greifswald, Greiz, Gumbinnen, Halberstadt, Hamburg, Hameln, Hamm, Harburg, Haspe, Hörde, Jauer, Jena, Insterburg, Iserlohn, Kattowitz, Kiel, Königshütte, Landsberg a. Warte, Langenberg, Langenbielau, Lingen, Lübeck, Lüneburg, Malstadt-Burbach, Marienburg, Markirch, Meerane, Meiderich, Merseburg, Mülheim a. Ruhr, Nauen, Neunkirchen, Neuwied, Oberhausen, Öls, Oldenburg, Oppeln, Oschersleben, Pirna, Plauen, Rastadt, Ratibor, Rawitsch, Reutlingen, Rostock, Ruhrort, Sagan, Schmölln, Schopfheim, Schwerin, Schwiebus, Solingen, Sorau, Spandau, Sterkrade, Stolp, Stralsund, Thorn, Tilsit, Trier, Wandsbeck, Weimar, Wesel, Wildungen, D. Wilmersdorf, Wismar, Witten, Zeitz, Zerbst und Zittau.

In den zahlreichen übrigen Städten, die Mitglieder unseres Vereins sind, lagen aber die gewerblichen Verhältnisse im vergangenen Winter so ungünstig, daß mit Rücksicht auf die herrschende Arbeitslosigkeit zur Einrichtung von mehr oder minder ausgedehnten Notstandsarbeiten geschritten werden mußte. Die Art und Weise, wie diese Arbeiten unternommen wurden, ist eine außerordentlich verschiedene; denn vor allem sprechen hier örtliche Verhältnisse bestimmend mit. Bevor hierauf näher eingegangen wird, erscheint es jedoch unbedingt erforderlich, den Begriff der Notstands-

---

[1] Nur bei Essen und Mannheim, die für den Winter 1900/1901 genauere statistische Erhebungen veranstaltet, solche aber für den letzten Winter bei Abschluß des Berichts noch nicht fertiggestellt hatten, ist auf die vorjährigen Ergebnisse zurückgegriffen worden. Bei Mannheim konnte allerdings aus einer Vorlage an den Bürgerausschuß vom November 1901 entnommen werden, was für den vergangenen Winter geplant war.

[2] Vergl. den Arbeitsmarkt vom 1. Dezember 1901 Sp. 96.

arbeiten näher zu beleuchten, insbesondere deshalb, weil er gerade in jüngster Zeit beginnt, sich klarer herauszubilden.

In erster Linie ist es das Verdienst von Mannheim, einer Stadt, in der seit längeren Jahren planmäßig Notstandsarbeiten verrichtet werden, darauf hingewiesen zu haben, daß dieser Begriff einer schärferen Abgrenzung bedarf. Mannheim unterscheidet in einer Vorlage an den Bürgerausschuß betr. die Beschäftigung von Arbeitslosen im Winter 1901—1902 zwischen den diesem Zwecke dienenden außerordentlichen Unternehmungen und den Notstandsarbeiten im engeren Sinne. Die letzteren, zu denen Schotterschlagen, Straßenreinigung, Anlegung von Baumgruben, Veränderung eines Sportplatzes, Umwandlung eines Waldes in einen Park und Anlage einer Straße gehören, sollen nur dann in Angriff genommen werden, wenn andere Arbeiten, zumal Bauten, wegen der kalten Witterung eingestellt werden müssen. Bei diesen Arbeiten kommt es auf die Qualifikation und Leistungsfähigkeit der Arbeiter nicht an. Zu den außerordentlichen Arbeiten rechnet Mannheim die Herstellung eines Parkes, Neupflanzung großer Bäume, Umgrabungen in einer Anlage und ähnliche Unternehmungen; im Gegensatz zu den eigentlichen Notstandsarbeiten werden hierbei lediglich solche Arbeiter angenommen, die sich zur Ausführung der Arbeiten eignen. Diese außerordentlichen Arbeiten sind solche, die aus Anleihemitteln bestritten werden, und deshalb führt Mannheim den Mehraufwand, der durch die Beschäftigung von Arbeitslosen entsteht, weil er nur einem vorübergehenden Zwecke dient, in dem ordentlichen Haushaltsplan besonders auf. In ähnlicher Weise hält Flesch[1] scharf auseinander die öffentlichen Arbeiten, die zur Verhütung von Arbeitslosigkeit unternommen und in den Winter verlegt werden sollen, und „die eigentliche Notarbeit, die Armenunterstützung ist, allerdings Armenunterstützung, welche ihre Kosten zum Teil wieder einbringt durch den Wert des Arbeitsprodukts und die daher den Beschäftigten, insoweit Aufnahme in die Wahllisten in Frage kommt, nicht angerechnet zu werden braucht".

Beide Unterscheidungen können aber als in jeder Beziehung einwandsfrei nicht bezeichnet werden.

Wie schon aus der Aufzählung der Arbeiten, die Mannheim der einen oder anderen Art zuweist, zu erkennen, ist ein begrifflicher Unterschied zwischen den Notstandsarbeiten im engeren Sinne und den außerordentlichen Unternehmungen nicht vorhanden. Denn einerseits finden sich bei beiden Kategorien dieselben Erdarbeiten wieder; andererseits ist die Tatsache, daß die Mittel für die eine Art von Arbeiten aus einer Anleihe bestritten, für die andere Art aus dem laufenden Haushalt genommen werden, für die Begriffsbestimmung der Arbeiten natürlich nicht von Belang. Dagegen ist der von Flesch gegebenen Definition der Notarbeit der Vorwurf zu machen, daß sie die letztere als Armenunterstützung betrachtet. Zunächst ist es jedenfalls nicht zweifellos, — es braucht nur auf die verschiedenen Auffassungen über die Anrechnung von Armenunterstützung verwiesen zu werden, die bei der auf diese Frage sich beziehenden Sammelforschung des Deutschen Ver-

---

[1] Soziale Praxis vom 27. Februar 1902: Das Problem der Arbeitslosigkeit in seinen verschiedenen Entwicklungsstufen.

eins für A. und W.[1] zu Tage getreten sind —, daß die Notarbeit, obgleich sie Armenunterstützung sein soll, den Verlust des Wahlrechts nicht notwendig zur Folge hat. Dann aber erscheint das Betonen des armenpflegerischen Charakters der Notarbeit um deswillen bedenklich, als jedes Hereinziehen der Armenpflege erfahrungsgemäß das Mißtrauen der Arbeiter weckt, die sofort befürchten, daß ihnen die politischen Rechte verkümmert werden könnten.

Auch in der Praxis sind die Notstandsarbeiten allem Anscheine nach weniger unter dem Gesichtspunkte der Armenpflege als unter dem des allgemeinen Gemeindeinteresses betrieben worden. Mögen auch viele Gemeinden den Unterstützungswohnsitz als Voraussetzung der Zulassung zu den Arbeiten aufgestellt haben, so gibt es doch eine Reihe anderer Städte, die von diesem Erfordernis Abstand nehmen. Außerdem aber liegt die Vermutung nahe, daß der Unterstützungswohnsitz oft lediglich deshalb verlangt worden ist, weil eine Zeitgrenze notwendig war, um den Zuzug fremder Personen zu verhindern und eine solche Grenze sich in dem täglich gebrauchten und geläufigen Begriff „Unterstützungswohnsitz" leicht darbot.

Daher ist es, wenn wir die Notstandsarbeiten im engeren Sinne näher bestimmen wollen, ratsam, das Moment der Armenpflege ganz bei Seite zu lassen. Am besten dürfte das Wesen dieser Arbeiten dadurch zum Ausdruck kommen, daß man sie nicht zu eng begrenzt, sondern unter ihnen alle **Veranstaltungen begreift, die ein Gemeinwesen außerhalb des Rahmens der Armenpflege zu dem Zwecke unternimmt, arbeitslosen Personen Beschäftigung zu verschaffen.** Bei dieser Begriffsbestimmung sind von den eigentlichen Notstandsarbeiten scharf zu trennen diejenigen Maßregeln, die seitens der Gemeinde ergriffen werden zur **Verhütung der Arbeitslosigkeit**; darunter fällt vornehmlich die in der bekannten Verfügung des preußischen Ministers des Innern vom September 1894[2] hervorgehobene **Verschiebung von Arbeiten in die Winterzeit**, die dazu dienen soll, den in jedem Winter auftretenden, natürlich bei gedrückten wirtschaftlichen Verhältnissen besonders umfangreichen Beschäftigungsmangel nach Möglichkeit auszugleichen. Diese Maßregeln unterscheiden sich in der Hinsicht wesentlich von den Notstandsarbeiten im engeren Sinne, daß sie vorbeugend zu wirken bestimmt sind und äußerlich z. B. in der Qualifikation der Arbeiter und in der Lohnhöhe das gleiche Bild wie die gewöhnlichen Arbeiten aufweisen. Auf diese Unterscheidung ist in jüngster

---

[1] Heft 26 S. 25 ff., Heft 28 S. 120 ff.

[2] Vergl. Adler a. a. O. S. 936 und Bühl, Arbeitseinrichtungen für Zwecke der offenen Armenpflege, Schriften des Deutschen Vereins f. A. u. W. Heft 43 S. 45. In der Verfügung heißt es, daß, wie der Staat, so auch die Kommunalvertretungen die Pflicht hätten, der Arbeitslosigkeit nach Kräften dadurch entgegen zu wirken, daß sie allgemein und planmäßig auf eine zweckmäßige Verteilung und Regelung der für ihre Rechnung auszuführenden Arbeiten Bedacht nähmen. Insbesondere sei darauf zu sehen, daß die Arbeiten, die nicht unbedingt an die Jahreszeit oder an bestimmte Termine gebunden seien, möglichst in solche Monate verlegt würden, in denen ein Mangel an Arbeitsgelegenheit zu befürchten sei.

Zeit die Aufmerksamkeit gelenkt worden, und es läßt sich nicht verkennen, daß gerade die Arbeitsverschiebung von großer praktischer Bedeutung ist. Wie wir unten sehen werden, sind, obwohl damit „eine neue Verwaltungsaufgabe"[1] an die Gemeinden herantritt, schon recht bemerkenswerte Ansätze in dieser Richtung zu verzeichnen.

Wenden wir uns nunmehr der Einrichtung von Notstandsarbeiten im engeren Sinne zu, so fällt vor allen Dingen auf, daß eine große Auswahl in der Art der Arbeiten offenbar nicht besteht; im wesentlichen kehren bei fast allen Städten die gleichen Arbeiten wieder. Es ist dies aber auch leicht begreiflich. Zu wünschen wäre ja, daß jedem Arbeiter nur seine Berufsarbeit, die er gelernt hat, angeboten werden könnte. Allein dieses Ideal wird wohl für absehbare Zeiten unerreichbar sein; wenigstens sind die einzigen Versuche größeren Maßstabes, die sogenannten Nationalwerkstätten, die in Frankreich zwei Mal, in den Jahren 1789/90 und 1848, ins Leben gerufen wurden, bekanntlich so kläglich gescheitert, daß ihr Beispiel nur abschreckend zu wirken vermochte[2]. Wie die Verhältnisse heutzutage liegen, bleibt nichts anderes übrig, als Arbeiten herauszufinden, die für die Mehrzahl der Arbeitslosen als passend bezeichnet werden dürfen; das sind Arbeiten, die entweder gar keine Vorkenntnisse voraussetzen oder doch in kurzer Zeit leicht erlernt werden können. Dieser Punkt muß umsomehr im Auge behalten werden, als die Erfahrung gezeigt hat, daß gerade die ungelernten Arbeiter am frühesten arbeitslos werden. Jede Arbeitsnachweisstelle ist imstande, für diese Tatsache Belege beizubringen. Was die Notstandsarbeiter im besonderen betrifft, so sind nach dieser Richtung bisher nur von wenigen Städten genauere Ermittelungen angestellt worden; allein soweit sie vorliegen, bestätigen sie die Beobachtungen der Arbeitsnachweisstellen. So waren unter den in Mannheim im Winter 1900/1901 mit Notstandsarbeiten beschäftigten 1029 Personen 765 Tagelöhner. Für die gleiche Zeit stellte man in Essen fest, daß von den 465 Notstandsarbeitern nicht weniger als 327 zu den Ungelernten zu rechnen waren. Daher kommt es, daß die Zahl der zur Beschäftigung von Arbeitslosen geeigneten Arbeiten eine sehr geringe, und abgesehen von einigen kleinen Abweichungen, die durch örtliche Umstände bedingt sind, durchweg die Art der Notstandsarbeiten die gleiche ist. Schotterschlagen nebst Steinebrechen, Holzzerkleinern, Graben von Kies und Sand, Erd-, insbesondere Wegearbeiten, Straßenreinigung, das sind die Unternehmungen, die als Notstandsarbeiten angeführt werden.

Nur Frankfurt a. M. macht insofern eine Ausnahme, als von dort gemeldet wird, daß das Notstandskomitee Werkstätten eingerichtet habe, in denen Schneider und Schuhmacher mit Flickarbeiten beschäftigt worden seien.

Das Schotterschlagen wurde in einer größeren Reihe von Städten betrieben, nämlich in Arnstadt, Bernburg, Bonn, Cassel, Cöln, Colmar, Darmstadt, Döbeln, Frankfurt a. M., Freiburg i. Br., Gießen, Göttingen, Hildes-

---

[1] Flesch a. a. O. Sp. 555.
[2] Vergl. Wolf a. a. O. S. 11.

heim, Heilbronn (nebst Steinebrechen), Karlsruhe, Lennep, Mainz, Mannheim, Mühlhausen i. Thür. (nebst Steinebrechen), München, Nürnberg, Offenbach, Osnabrück, Rheydt, Stuttgart und Ulm.

Besonders großen Umfang nahm das Schotterschlagen an in Bonn (Aufwand rund M. 29300), Frankfurt a. M. (rund M. 23500 ohne Krankenversicherung, Zuschuß zum Mittagessen, Heizung der Aufenthaltshütten und Lohn der Aufseher), Karlsruhe (rund M. 37600) und Mannheim (rund M. 39000). Frankfurt a. M. hat unter dem 2. September 1901 besondere Vorschriften über die Zulassung zur Beschäftigung mit Steineschlagen erlassen, die als Anlage I zum Abdruck gelangt sind.

Weniger beliebt scheint das Holzzerkleinern zu sein, wahrscheinlich deshalb, weil die Frage, wie das Holz abgesetzt werden soll, Schwierigkeiten verursacht, während das Schotterschlagen nur zur Deckung des eigenen Bedarfs der Gemeinde erfolgt. Mit Holzzerkleinern beschäftigten Aachen, Cassel und Reichenbach i. V. die Arbeitslosen.

Das Graben von Kies oder Sand wurde als Notstandsarbeit in Arnstadt, Glauchau, das eine städtische Kiesgrube besitzt, Göttingen, Heilbronn, Offenbach, Regensburg und Viersen vorgenommen. Allem Anschein nach haben jedoch diese Arbeiten in keiner Stadt einen nennenswerten Umfang erreicht.

Den breitesten Raum nehmen Erd- und ähnliche Arbeiten, insbesondere die Anlage von Straßen und Plätzen, ein. Sie sind in fast allen Städten eingerichtet worden, die sich überhaupt mit Notstandsarbeiten befaßt haben. Daß hierbei die örtlichen Verhältnisse und Bedürfnisse eine wesentliche Rolle spielten, liegt auf der Hand und geht aus der folgenden Zusammenstellung deutlich hervor. Es wurden gemeldet:

Aus Aachen: Ausbau von Wegen und Plätzen und Forstarbeiten,
„ Aschersleben: Erdarbeiten,
„ Bernburg: Herstellung von Brückenrampen und Anlage von Wegen,
„ Bielefeld: Abbruch der Umfassungswände dreier Gasbehälterbassins und Herstellung von Straßen und gärtnerischen Anlagen,
„ Bochum: Erdarbeiten,
„ Breslau: Aufhöhung von Grundstücken,
„ Brünn: Regulierung eines Central-Friedhofs und Forstarbeiten,
„ Cannstadt: Erdarbeiten,
„ Chemnitz: Ausschachtungs- und Wegebauarbeiten,
„ Cöln: Straßenregulierungs- und Ausschachtungsarbeiten für den Bau der Central-Markthalle und Ausführung neuer Straßenkanäle,
„ Cöthen: Wegearbeiten,
„ Colmar: Straßenbauten,
„ Cottbus: Erdarbeiten zu einer Gartenanlage,
„ Crefeld: Straßenarbeiten,
„ Danzig: Erdarbeiten, insbesondere Einebnung eines Brückenkopfes,
„ Darmstadt: Straßen- und Kanal-Unterhaltungsarbeiten und Chaussierungen,
„ Dessau: Erweiterung des dritten Friedhofs und Wegearbeiten,

Die Einrichtung von Notstandsarbeiten und ihre Erfolge. 9

Aus	Düren:	Anlage eines Teils eines Friedhofs, Wege- und Flußarbeiten,
„	Düsseldorf:	Anschüttung und Bewegung von Erdmassen,
„	Duisburg:	Ausbau von Straßen,
„	Eberswalde:	Erdarbeiten,
„	Eilenburg:	Eindeichung der inneren Stadt zum Schutz gegen Hochwassergefahr,
„	Elberfeld:	Straßenbauarbeiten,
„	Erfurt:	Zuschüttung verlassener Flußläufe,
„	Essen:	Straßenarbeiten,
„	Eßlingen:	Straßenarbeiten und Herstellung eines Spielplatzes,
„	Gießen:	Herstellung von Straßen und Wegen,
„	Göttingen:	Wegeanlagen,
„	Guben:	Erdbewegungen,
„	Hagen:	Wegearbeiten, Legen von Wasser- und Gasrohrgräben und Ausholzungen,
„	Halle:	Erdarbeiten und Straßenregulierung,
„	Hanau:	Erd- und gärtnerische Arbeiten,
„	Hannover:	Herstellung eines Radfahrerwegs und Erweiterung eines Friedhofs,
„	Hildesheim:	Straßenarbeiten,
„	Heilbronn:	Straßenarbeiten,
„	Kettwig:	Wegebauarbeiten,
„	Konstanz:	Wege- und Wiesenbauarbeiten,
„	Leipzig:	Straßen- und Schleusenbauarbeiten,
„	Linden:	Einebnen eines Friedhofs und Straßenbauarbeiten,
„	Ludwigshafen:	Straßenbauten und Herstellung einer Parkanlage,
„	Magdeburg:	Ausfüllung von Festungsgräben und gärtnerische Arbeiten,
„	Mainz:	Umrodungsarbeiten bei Gartenanlagen,
„	Mannheim:	Straßen- und gärtnerische Arbeiten,
„	Memel:	Planierungsarbeiten für den Neubau eines Schlachthauses,
„	Metz:	Einebnung eines Teils der Umwallung,
„	München:	Straßenherstellung,
„	Nordhausen:	Erweiterung des Central-Friedhofes,
„	Nürnberg:	Parkarbeiten,
„	Offenbach:	Erdarbeiten bei Herstellung der Hafenbahn und Straßenbauarbeiten,
„	Ohligs:	Straßenbauarbeiten,
„	Pforzheim:	Wegebauarbeiten und Erweiterung eines Friedhofs,
„	Remscheid:	Planierungsarbeiten in den städtischen Anlagen,
„	St. Johann:	Wegearbeiten und Anlage eines Eisweihers,
„	Siegen:	Ergänzung des Gasrohrnetzes und Wegearbeiten,
„	Straßburg:	Straßenbauarbeiten und Anpflanzungen,
„	Stuttgart:	Erdabhebungen,
„	Ulm:	Erd- und Betonarbeiten,
„	Viersen:	Einebnen eines Grundstücks zum Neubau eines Krankenhauses,

Aus Wald: Ausbau von vier Straßen,
„ Weißenfels: Erd- und Abbrucharbeiten.

Verhältnismäßig sehr wenig wurde die Straßenreinigung als Notstandsarbeit ausgeführt. Nur Duisburg, Elberfeld und Linden, die insbesondere die Beseitigung von Schnee und Eis durch Arbeitslose vornehmen ließen, kommen hier in Frage. In Elberfeld ist diese Beschäftigung der Arbeitslosen in großem Maßstabe betrieben worden. Die Ausgaben sind sehr erhebliche gewesen, doch haben die Anlieger, die hier zur Straßenreinigung gesetzlich verpflichtet sind, einen Beitrag von 5 Pfg. für den Quadratmeter Straßenfläche geleistet.

Wie schon oben erwähnt, ist infolge der Voraussetzungen, von denen die Zulassung zu den Notstandsarbeiten abhängig gemacht wurde, auf den ersten Blick der Eindruck vorherrschend, daß die Einrichtung dieser Arbeiten unter dem Gesichtspunkte der Armenpflege erfolgte. Denn der Unterstützungswohnsitz und die Heimatsberechtigung spielen eine große Rolle.

Allerdings wird der Unterstützungswohnsitz selten ohne weitere Einschränkungen als Bedingung aufgestellt. Dies trifft lediglich bei Cannstatt, Düren, Duisburg, Glauchau, Pforzheim und Remscheid zu. Weit öfter wird neben dem Unterstützungswohnsitz oder der Heimatsberechtigung verlangt, daß der Arbeiter zugleich Familienvater oder doch der Ernährer einer Familie sei. Diesen Standpunkt nehmen ein Aachen, Arnstadt, Aschersleben, Bernburg, Bielefeld, Bochum, Breslau, Cassel, Chemnitz, Cöthen, Coburg, Crefeld, Düsseldorf, Elberfeld, Erfurt, Gießen, Göttingen, Halle, Hannover, Hildesheim, Karlsruhe, Lennep, Magdeburg, Memel, Mülhausen i. Thür., Nordhausen, Neuß, Nürnberg, Rheydt, St. Johann, Siegen, Stuttgart, Ulm und Weißenfels.

Schon aus dem Umstande, daß außer dem Unterstützungswohnsitz noch ein weiteres Erfordernis für notwendig gehalten wird, kann man schließen, daß die Notstandsarbeit aus dem Rahmen der Armenpflege herausfällt; denn sofern der Notarbeit einzig und allein der Charakter der Armenunterstützung beigelegt werden sollte, so wäre doch eine unterschiedliche Behandlung der Ernährer einer Familie und der ledigen Leute nicht am Platze. Es drängt sich daher die Vermutung auf, daß der Unterstützungswohnsitz in den meisten Fällen bloß aus dem Grunde zur Voraussetzung gemacht worden ist, weil man sich gegen den unerwünschten Andrang auswärtiger Personen zu den Notstandsarbeiten durch die Bestimmung einer Zeitgrenze schützen mußte[1]. Außerdem wird man in der Ansicht, daß die Notstandsarbeit überwiegend nicht unter dem Gesichtspunkt der Armenpflege betrieben wird, bestärkt, wenn man die mannigfachen Bedingungen näher ins Auge faßt, die die übrigen Städte aufgestellt haben. So genügt bei Cöln, daß dort eine Beschäftigung seit längerer Zeit stattgefunden hat; jedoch werden zunächst Verheiratete mit Kindern, dann Verheiratete ohne Kinder und in letzter Linie Unverheiratete berücksichtigt. Colmar verlangt im allgemeinen

---

[1] In der Sozialen Praxis vom 9. Januar 1902 wird mitgeteilt, daß der Magistrat von Wiesbaden, da die Notstandsarbeiten Fremde anzögen, durch öffentlichen Anschlag vor dem Zuzuge Arbeitsloser von auswärts gewarnt habe.

von den Notstandsarbeitern, daß sie aus Colmar gebürtig, verheiratet oder Stütze einer Familie und dort fest ansässig seien; zu dem Schlotterschlagen wird dagegen jeder zugelassen, der sich meldet. Darmstadt sieht unter besonderen Verhältnissen von dem Unterstützungswohnsitz ab; ebenso beschäftigt Mainz in dringenden Fällen auch solche, die ein Jahr dort wohnen. Regensburg will zwar in erster Reihe die Heimatsberechtigung entscheidend sein lassen, aber dennoch Fremde nicht abweisen, wenn sie eine zahlreiche Familie zu versorgen haben. Letzterer Umstand soll ohne Rücksicht auf den Unterstützungswohnsitz allein ausschlaggebend sein in Cottbus, Eßlingen und Wald. Andere Städte wiederum legen das Hauptgewicht auf einen längeren Aufenthalt, dessen Dauer natürlich verschieden bemessen wird. Straßburg z. B. fordert in erster Linie einen Aufenthalt von einem Jahre. Zu Anfang des Winters stellte es nur verheiratete Männer mit drei oder mehr Kindern und solche ein, die wenigstens 55 Jahre alt waren; allmählich zog man den Rahmen weiter, sodaß schließlich ungefähr alle seit vier Wochen Arbeitslosen, auch ledige Leute, beschäftigt waren. Eberswalde verlangt einen Aufenthalt seit mindestens Oktober 1900 und berücksichtigt zunächst verheiratete Personen, erst dann ledige, die Angehörige zu ernähren haben. Noch weiter geht Freiburg, indem es neben der Versorgung einer Familie oder Angehöriger einen Aufenthalt von mehreren Monaten zur Bedingung macht.

Auch Hagen nimmt Arbeiter an, die bereits einige Zeit dort ansässig sind und eine Familie zu ernähren haben. In ähnlicher Weise will sich Sangerhausen gegen den Zuzug von draußen wehren; es stellt als Voraussetzung hin, daß die Personen den vorausgegangenen Sommer am Orte gearbeitet haben mußten. Eigenartig, aber doch bezeichnend und ein Beweis für die Richtigkeit unserer Ansicht ist das Vorgehen von München, das die Familienväter bevorzugt, im übrigen aber der Heimatsberechtigung einen dreijährigen Aufenthalt gleichsetzt. Von Bedingungen ganz abgesehen hat eine einzige Stadt, nämlich Viersen, das alle Arbeitslosen ohne Unterschied beschäftigt hat. Ungewöhnlich weit hat auch Osnabrück den Kreis der Notstandsarbeiter gezogen, indem es fast alle Arbeitslosen mit Ausnahme der jüngeren, alleinstehenden Personen berücksichtigt hat [1].

Endlich ist bemerkenswert die Stellungnahme von Mannheim.

Wie bereits ausgeführt, unterscheidet Mannheim zwischen den eigentlichen Notstandsarbeiten und den außerordentlichen Unternehmungen zur Beschäftigung Arbeitsloser. Bei beiden Arten sollen nur diejenigen Arbeiter eingestellt werden, die durch ihre Invalidenkarte oder sonst nachweisen können, daß sie bis zu der eingetretenen Arbeitslosigkeit regelmäßig gearbeitet und mindestens noch im Laufe des verflossenen Sommers Beschäftigung gehabt haben. Weiter fordert Mannheim bei den außerordentlichen Unternehmungen von den Arbeitern, daß sie den Unterstützungswohnsitz dort besitzen und zugleich Ernährer einer Familie sind, während bei den eigentlichen Notstands-

---

[1] Wenn die Mitteilung in dem Arbeitsmarkt vom 1. Januar 1902, Sp. 132, richtig ist, so läßt auch Frankfurt a. M. die Bewohner der Vororte, die regelmäßig in Frankfurt arbeiten, zur Notstandsarbeit zu.

arbeiten solche Arbeiter den Vorzug haben, aber auch alleinstehende Personen angenommen werden sollen, sofern sie zwei Jahre in Mannheim ansässig sind. Man hätte eigentlich das Umgekehrte erwarten dürfen[1]; denn zu den außerordentlichen Unternehmungen, die mehr zur Verhütung der Beschäftigungslosigkeit bestimmt sind und bei denen lediglich solche Arbeiter Beschäftigung finden sollen, die sich zur Ausführung eignen, paßt die Anlehnung an die Armenpflege ganz und gar nicht. Es wäre verständlich, wenn der Unterstützungswohnsitz und die Versorgung einer Familie, wie bei manchen Städten, die Voraussetzungen der Zulassung zu den Notstandsarbeiten bildeten; aber gerade bei diesen Arbeiten mildert merkwürdigerweise Mannheim den armenpflegerischen Klang dadurch, daß es unter Umständen einen zweijährigen Aufenthalt für hinreichend erklärt.

Wir sehen also, daß die Behauptung gerechtfertigt ist, daß schon jetzt die Notstandsarbeiten trotz des vielgebrauchten Begriffs „Unterstützungswohnsitz" mehr und mehr den armenpflegerischen Charakter abgestreift haben. Wünschenswert wäre es, daß dies bald völlig einträte. Mit dem Mißtrauen der Arbeiter[2] gegen alles, was nur entfernt an Armenpflege erinnert, muß unbedingt gerechnet werden; außerdem läßt sich der Zweck, der zumeist mit der Betonung des Unterstützungswohnsitzes verfolgt wird, leicht, ja noch einfacher dadurch erreichen, daß ein längerer Aufenthalt gefordert wird. Eine allgemein gültige Frist wird sich freilich kaum aufstellen lassen mit Rücksicht darauf, daß in dieser Beziehung ohne Zweifel die örtlichen Verhältnisse in Betracht gezogen werden müssen.

Die örtlichen Verhältnisse sind ferner von erheblicher Bedeutung für die Frage, wie der Lohn der Notstandsarbeiter bemessen werden soll. Mit dieser wichtigen Frage haben sich die meisten Städte zu befassen, weil, soweit die vorhandenen Unterlagen einen Aufschluß geben, fast überall die Notstandsarbeiten in eigener Regie ausgeführt werden. Nur eine sehr geringe Anzahl von Gemeinden hat mitgeteilt, daß die Arbeiten an einen Unternehmer vergeben worden seien gegen die Verpflichtung, die Arbeitslosen einzustellen. Geschieht das, so wird wohl immer von dem Unternehmer ein Zuschuß verlangt. Essen zahlte an den Unternehmer, der die nötigen Gerätschaften stellte, die Versicherungsbeiträge trug und die erforderlichen, oft täglichen Vorschüsse den Arbeitern gab, für den Arbeiter und den Arbeitstag 60 Pfennige[3].

---

[1] Vergl. auch den Arbeitsmarkt vom 15. Dezember 1901 Sp. 100 Anmerkung.

[2] Wie groß das Mißtrauen ist, hat Barmen in diesem Winter erfahren. Als die Zahl der Arbeitslosen durch Meldung bei den Vorstehern der Armenbezirke ermittelt werden sollte, mußte wiederholt darauf hingewiesen werden, daß die Meldung zu keinem andern Zwecke geschehe. Die Arbeiter erklärten nachdrücklichst, daß sie keine Armenunterstützung haben wollten.

[3] Eine eigenartige Einrichtung wurde in Danzig getroffen. Die Aufsicht über die Beschäftigung der Arbeitslosen war der mit geschultem Aufsichtspersonal und mit dem nötigen Arbeitsmaterial versehenen Aktiengesellschaft für Holzverwertung, Hoch- und Tiefbau Alex. Fey übertragen. Diese erhielt einen Zuschlag von 18% auf die ausgezahlten Löhne, mußte hierfür die sämtlichen Beiträge zur Kranken-, Unfall- und Invaliditätsversicherung und zwar auch die nach dem Gesetze von den Arbeitern zu tragenden Anteile bezahlen, hatte die Lohnlisten zu führen und alle

Schwierig ist die Lohnfrage insofern, als die eigentümliche Art der Notstandsarbeiten bei der Entscheidung, ob Stück- oder Zeitlohn gewählt und wie hoch der Lohn in diesem oder jenem Falle zu bemessen sei, sehr ins Gewicht fällt. Auf der einen Seite läßt sich nicht verkennen, daß, wenn der Lohn zu hoch gegriffen wird, die Gefahr besteht, daß die Arbeiter ihre gewohnte Arbeit, deren Ertrag in Zeiten geschäftlichen Niedergangs so wie so gewöhnlich sinkt, verlassen und sich den Notstandsarbeiten zuwenden. Außerdem sollen die Arbeiter dadurch, daß der gezahlte Lohn unter dem ortsüblichen bleibt[1], angehalten werden, sich zeitig nach passender Berufsarbeit umzusehen und die Notstandsarbeit möglichst bald aufzugeben. Auf der anderen Seite muß den Arbeitern so viel an Entgelt gewährt werden, daß sie imstande sind, die schlimmen Wochen oder Monate der Arbeitslosigkeit zu überwinden, ohne daß ein Eingreifen der Armenverwaltung notwendig wird. Aus diesen Gründen ist es von vornherein als verfehlt zu bezeichnen, daß Stücklohn allgemein und ohne jede Ausnahme gelten soll. Eine solche Festsetzung widerspricht geradezu, wie Flesch zutreffend hervorhebt[2], dem Wesen der Notstandsarbeit. Um das zu erkennen, braucht man sich nur zu vergegenwärtigen, wie bunt zusammengewürfelt die Menge der Notstandsarbeiter ist, daß neben den jungen und kräftigen Personen, die der Arbeit völlig gewachsen sind, alte und schwächliche Leute sich abmühen, und daß Schulter an Schulter mit dem berufsmäßigen Erdarbeiter der Textilarbeiter die Schaufel schwingt, die er vielleicht bis dahin noch niemals in der Hand gehabt hat. Mit Fug und Recht wird auch von manchen Städten ein Unterschied gemacht zwischen Verheirateten und Ledigen in der Weise, daß die ersteren einen höheren Lohn erhalten. Es liegt eben in der Natur und dem Zwecke der Notstandsarbeit begründet, daß man nicht alles über einen Kamm scheren darf. Sehr richtig bemerkt Adler[3], daß, „wenn Arbeiten von öffentlichen Körpern bloß dazu unternommen werden, um feiernden Händen Beschäftigung zu gewähren, es genügt, daß hier der Entgelt überhaupt in einem günstigen Verhältnis zur gehabten Mühe, zur Leistung des Arbeiters steht".

Abgesehen von dem Schotterschlagen überwiegt bei den Notstandsarbeiten unbedingt der Tage- oder Stundenlohn, offenbar aus dem Grunde, weil einerseits ein einheitlicher Stücklohn bei der Ungleichmäßigkeit der Arbeitsleistungen zu Härten führt, andererseits ein unterschiedlich festgesetzter Stücklohn an und für sich und mit Rücksicht auf den vielfachen Wechsel der Arbeiter für die Berechnung zu große Schwierigkeiten darbietet. Die Höhe ist selbstverständlich sehr verschieden, weil die örtlichen Verhält-

---

sonst erforderlich werdenden schriftlichen Arbeiten zu machen, die Oberaufsicht zu stellen und die kleineren Geräte unentgeltlich zu leihen. Für die Gestellung von Aufsehern erhielt die Firma für die Arbeitsstunde und den Mann 0,55 M., für das Vorhalten einer Karre 0,50 M., eines Spatens 0,20 M. und einer Picke 0,35 M. für die Woche. Vom 3. Februar an wurde die Vergütung für die letzteren Geräte etwas herabgesetzt.

[1] Vergl. Bühl a. a. O. S. 44.
[2] A. a. O. Spalte 558.
[3] A. a. O. S. 931.

nisse von maßgebender Bedeutung sind. Der Tagelohn betrug in Aachen 2,40 M. bis 2,50 M.; in Aschersleben 1,40 M.; in Bonn und Breslau 2,00 M.; in Cassel 3,00 M. bis 3,20 M.; in Cöln 2,00 M. bis 2,50 M.; in Colmar und Crefeld 2,20 M.; in Elberfeld und Hannover 2,50 M.; in Duisburg für Verheiratete mit Familie 2,20 M., für sonstige Ernährer von Angehörigen 1,80 M., für Jugendliche 1,50 M.; in Freiburg für Verheiratete 2,50 M., für Ledige 2,00 M.; in Leipzig 2,50 M., bei schwerer Arbeit 3,00 M.; in Magdeburg für anstrengende Arbeiten 2,25 M., für leichtere 2,00 M.; in Nordhausen bei achtstündiger Arbeitszeit 1,25 M., bei neunstündiger 1,50 M., bei zehnstündiger 1,75 M.; in Ohligs 2,75 M.; in Regensburg 1,50 M.; in Remscheid 2,25 M.; in Straßburg 2,00 M., für ledige und alleinstehende Leute 1,60 M.; in Viersen für Unverheiratete 1,20 M., für Verheiratete 1,60 M.; in Wald 2,50 M. bis 3,00 M. Der Stundenlohn schwankte zwischen 15 und 30 Pfg.

Dagegen wurde das Schotterschlagen überwiegend gegen Zahlung eines Stücklohns betrieben; das gleiche war in Cassel, wo der Satz von 2,30 M. für den Raummeter bezahlt wurde, mit dem Holzzerkleinern der Fall. Für den Kubikmeter Steine setzte Cassel 3,70 M., Lennep 2,50 M. und Osnabrück 2,40 M. als Lohn an. Eine genauere Regelung nahm Darmstadt vor. Hier wurden für den Kubikmeter frischen Basaltbruchs 4,50 M., für den Kubikmeter alter Basalt-Pflastersteine, weil diese schwerer zu schlagen waren, 5,50 M. bezahlt. Ungeübte erhielten lediglich frischen Basaltbruch und bezogen auf die Dauer von vier Wochen einen Lohn von 5,50 M. für den Kubikmeter. Merkwürdige Erfahrungen machte mit der Festsetzung des Lohnes für das Schotterschlagen Karlsruhe. Nachdem mit Absicht in der ersten Woche die Leistung jedes Arbeiters getrennt ausgemessen war, stellte es sich heraus, daß unmöglich ein einheitlicher Lohn bezahlt werden konnte. Die Leistungen schwankten nämlich zwischen 0,18 und 0,95 Kubikmeter für den Kopf und Tag. Nahm man nun für den schlechtesten Arbeiter einen Lohn von 1,50 M. für den Tag an, so wäre die beste Leistung mit 7,90 M. zu bezahlen gewesen, und wäre umgekehrt die letztere mit 2,50 M. vergütet worden, so hätte der schlechteste Arbeiter nur 0,47 M. für den Tag erhalten. Deshalb wurde für die erste Woche sämtlichen Arbeitern ein Tagelohn von 2 M. ausbezahlt. Von der zweiten Woche ab wurde angeordnet, daß die Leute gruppenweise im Stücklohn arbeiteten und zwar so, daß immer schwache und leistungsfähige Personen in einer Gruppe vereinigt wurden. Auf diese Weise und durch wiederholte Umstellungen in den Gruppen erreichte man, daß der Unterschied in den Leistungen der einzelnen ziemlich ausgeglichen wurde. Auf einem Mangel an solcher Ausgleichung wird es wohl beruhen, daß in Bonn der Tagesverdienst beim Schotterschlagen sich zwischen 2,00 M. und 4,50 M. bewegte. Ähnliche Erfahrungen wie Karlsruhe machte Mainz. Hier wurde für das Schlagen der Steine in der ersten Zeit ein Preis von 7 M. für den Kubikmeter, während der ortsübliche Preis 4,30 M. betrug, ausbezahlt. Da jedoch unter den Notstandsarbeitern viele Steinschläger von Beruf waren, stellte sich der Verdienst einiger auf 5 M. täglich und mehr. Es wurde daher für diese Arbeiter der Lohn auf 5 M. für den Kubikmeter herabgesetzt. Als aber auch hierbei noch Auszahlungen von 4 M. täglich vorkamen, wurde beschlossen, für eine wöchentliche Leistung von zwei Kubikmeter Kleinschlag den Preis auf 7 M. für den Kubikmeter festzusetzen und für etwaige Mehrleistungen eine besondere Prämie von 2 M. für den Kubikmeter zu gewähren. Hierdurch trat eine Besserung ein, allein der Durchschnittsverdienst der geübten Arbeiter stellte sich immerhin noch auf rund 3,50 M. für den Tag.

Diese Mißstände haben in Frankfurt a. M. und in Colmar, einer Stadt, die bereits seit einer Reihe von Jahren das Schotterschlagen als Notstandsarbeit kennt, zu eingehenden Bestimmungen über den Betrieb und die Festsetzung des Lohnes geführt. Beide Städte teilen die Arbeiter nach ihrer Leistungsfähigkeit in verschiedene Gruppen und wenden ein gemischtes Lohnsystem an, das für eine gewisse Mindestleistung einen Tagelohn und für Mehrleistungen Prämien vorsieht. Die sehr beachtenswerten Einzelheiten sind aus den Anlagen I und IV ersichtlich.

Während Frankfurt und Colmar sich darauf beschränkt haben, in einigen wenigen, allerdings wichtigen Punkten Vorschriften zu erlassen, hat die Einrichtung von Notstandsarbeiten in Offenbach und Mainz eine allgemeine Regelung erfahren. Dies sind aber auch die einzigen Städte, die in solcher Weise vorgegangen sind. Bedeutungsvoll ist bei Offenbach, daß es gegen die durch das Stadtbauamt bewirkte Einschätzung der Arbeiter in verschiedene Lohnklassen eine Beschwerde an den Bauausschuß zuläßt, der endgültig entscheidet. Bei Mainz ist hervorzuheben, daß die allgemeinen Bestimmungen über die Arbeits- und Lohnverhältnisse der in den städtischen Betrieben beschäftigten Arbeiter mit besonderen Ergänzungen auch für die Beschäftigung Arbeitsloser gelten sollen.

Nach der vorstehend entwickelten Auffassung des Wesens der Notstandsarbeiten ist es bedenklich, auf den gewöhnlichen Arbeitsvertrag zurückzugreifen, weil dieser auf die eigenartigen Verhältnisse jener Arbeiten — man denke nur an die unterschiedliche Behandlung Verheirateter und Lediger — nicht paßt[1].

In den Anlagen II und III sind die Festsetzungen der beiden Städte zum Abdruck gebracht.

Zum Schluß sei noch einer Einrichtung gedacht, die sich anscheinend bisher nur in Mannheim findet, aber sicherlich recht zweckmäßig und nachahmenswert ist, nämlich der Bildung einer besonderen Kommission für die Notstandsarbeiten. In Mannheim hat sich diese Kommission mit der Organisation und Beaufsichtigung der Arbeitslosenbeschäftigung zu befassen; auf Antrag des Tiefbauamts hat sie insbesondere auch darüber zu entscheiden, wann die Notstandsarbeiten begonnen, wann sie geschlossen werden sollen und wann die Erdarbeiten wegen eingetretenen Frostes einzustellen sind. Bei der eigentümlichen Natur der Notstandsarbeiten und den mancherlei Schwierigkeiten, die sie darbieten, ist es ohne Zweifel angezeigt, eine eigene Kommission einzusetzen. Wir werden später erfahren, daß dieser Kommission noch eine andere Aufgabe zugewiesen werden kann.

---

[1] Vergl. Flesch a. a. O. Sp. 557.

Aus unserer Darstellung ergibt sich, daß die deutschen Städte im letzten Winter sich der in manchen Erwerbszweigen herrschenden Arbeitslosigkeit gegenüber nicht untätig verhielten, sondern diese durch das seit langen Jahren angewandte Mittel, die Einrichtung von Notstandsarbeiten, eifrig zu bekämpfen suchten. Aber auch dasjenige Mittel, das erst in jüngster Zeit recht gewürdigt zu werden beginnt, nämlich die Verlegung von Arbeiten in den Winter, ist schon jetzt in nicht unbedeutendem Maße und, wie wir unten sehen werden, mit gutem Erfolge zur Anwendung gelangt. Freilich kann nicht verschwiegen werden, daß eine sichere Unterscheidung, ob wir es mit Notstandsarbeiten im engeren Sinne oder mit einer Arbeitsverschiebung zu tun haben, manchmal sehr schwierig ist; denn aus der Beschaffenheit der Arbeiten läßt sich, zumal wenn es sich um solche Arbeiten handelt, die erfahrungsgemäß wie z. B. Erdarbeiten zur Beschäftigung Arbeitsloser dienen, nicht immer ein unterscheidendes Merkmal entnehmen.

Gleichwohl sind Anzeichen genug vorhanden, die darauf hindeuten, daß die Gemeindeverwaltungen anfangen, die Tragweite der planmäßigen Zurückstellung von Arbeiten in die Winterzeit zu erkennen. Eine im Hinblick auf die Neuheit der Aufgabe nicht unerhebliche Anzahl von Gemeinden hat es durch die Arbeitsverschiebung fertig gebracht, Arbeitsgelegenheit in solcher Menge zu beschaffen, daß der Eintritt einer fühlbaren Arbeitslosigkeit, geschweige eines Notstandes vermieden oder doch die Ausdehnung der Arbeitslosigkeit ganz erheblich verringert wurde. So berichtet Braunschweig, daß von der Einrichtung eigentlicher Notstandsarbeiten im vergangenen Winter habe Abstand genommen werden können, weil man frühzeitig darauf bedacht gewesen sei, eine Reihe städtischer Arbeiten, die früher oder später hätten ausgeführt werden müssen, gerade in der Winterzeit in Angriff zu nehmen und zu fördern. Als derartige Arbeiten werden aufgeführt die Ausschachtung des Erdreichs für den Neubau des städtischen Museums und einer Bürgerschule, umfangreiche Kanalisationsarbeiten und die Fertigung der inneren Einrichtung für Schulgebäude. In Cassel war der Beschluß gefaßt worden[1], „die gesamten Arbeiten in allen Zweigen der Verwaltung, soweit dies irgend tunlich, erst im Spätherbst zur Vergebung zu bringen, um den Handwerksmeistern Winterarbeit zu schaffen und bei möglicherweise eintretender Arbeitslosigkeit Mittel zu haben, dieser durch Ausführung vorgesehener Arbeiten zu begegnen, damit Notstandsarbeiten nicht erforderlich würden." In Ausführung dieses Beschlusses fand die Vergebung der Glaser-, Schlosser-, Schreiner- und sonstigen Arbeiten für die Neubauten einer Volksschule und eines Wohngebäudes für das Reinigungswesen statt und wurden die Erdarbeiten für ein Bibliotheksgebäude sowie der Abbruch von drei alten Häusern in Angriff genommen. Das Ideal einer in den Winter verlegten Arbeit, das Flesch[2] in einer Unternehmung findet, die jahrelang im voraus projektiert werden kann, aber nur stückweise ausgeführt zu werden braucht, die man also im Sommer liegen lassen kann, um sie im Winter oder überhaupt in ungünstigeren Zeiten fortzusetzen, hat Colberg aufzuweisen. Dort

---

[1] Aus dem Arbeitsmarkt vom 15. Dezember 1901 Sp. 99.
[2] A. a. O. Sp. 556, Anm.

ist man seit einigen Jahren mit der Entfestigung der Stadt beschäftigt und trägt insbesondere alte Festungswälle ab. Diese Arbeiten werden im Winter stark betrieben und im Sommer zum großen Teil eingestellt, damit Arbeitsgelegenheit für den kommenden Winter vorhanden ist. Ferner wird aus Colmar mitgeteilt, daß zur Verhütung der Arbeitslosigkeit die Beschaffung des Mobiliars für eine zu erbauende Schule vorzeitig vergeben wurde; aus Darmstadt, daß schon seit einigen Jahren für die Winterzeit geeignete Arbeiten auf dem Gebiete des Straßen= und Kanalbaues zurückgestellt werden. In besonders umfassender Weise ist Dresden thätig geworden. Zahlreiche städtische Hoch= und Tiefbauten, die einen Kostenaufwand von mehreren Millionen verursachten, wurden im verflossenen Winter mit Rücksicht auf die drohende Arbeitslosigkeit ins Werk gesetzt; außerdem wurden die Arbeitsvergebungen an die Gewerbetreibenden beschleunigt. Der Erfolg dieser Maßregeln war, daß Notstandsarbeiten nicht eingerichtet zu werden brauchten. Nicht unerwähnt darf bleiben, daß in Frankfurt a. M. bereits im September v. J. auf Antrag des Armenamtes der Magistrat das Hochbau=, Tiefbau=, Elektrizitäts= und Bahnamt anwies, passende Arbeiten für den Winter vorzubereiten und daß auch derartige Arbeiten in beträchtlicher Anzahl zur Ausführung kamen. Ebenso wurden in Hanau die Arbeiten für zwei städtische Neubauten, um eine Winterbeschäftigung der Handwerker zu ermöglichen, früher als sonst ausgeschrieben und in Mainz größere Erd= und Chaussierungsarbeiten an Unternehmer unter der Bedingung übertragen, daß die Ausführung im Winter stattzufinden habe. Die gleiche Erfahrung wie Dresden hat Heidelberg gemacht; es betont, daß die zahlreichen öffentlichen Bauten, die man im Laufe des vorigen Jahres gerade im Hinblick auf die Verschlechterung der gewerblichen Verhältnisse vorbereitet und in Angriff genommen habe, geeignet gewesen seien, den Eintritt von Arbeitslosigkeit hintan zu halten. Auch München gibt an, daß die städtischen Arbeiten in der Regel so eingerichtet würden, daß zum Teil in den Wintermonaten Gelegenheit zur Arbeit gäben. Das sei im letzten Winter bei Brücken= und Uferschutzbauten der Fall gewesen; die Vornahme dieser Arbeiten habe wesentlich zur Verringerung der Arbeitslosigkeit beigetragen. Weiter heißt es aus Nürnberg, daß dort im vergangenen Winter umfangreiche Bauten von Entwässerungskanälen, Straßenbauten und Grundaushub für einen Schulhaus=Neubau unternommen wurden, alles Arbeiten, die unter gewöhnlichen Verhältnissen erst im Frühjahr oder Sommer des laufenden Jahres ausgeführt worden wären. Endlich wird noch von Posen, Straßburg und Ulm berichtet, daß man durch Vergebung städtischer Arbeiten in der Winterzeit bemüht gewesen sei, Arbeitsgelegenheit zu schaffen[1].

Mancherlei ist demnach seitens der deutschen Städte ins Werk gesetzt worden, um der Arbeitslosigkeit entgegenzuwirken; Notstandsarbeiten im engeren Sinne haben zahlreich stattgefunden, und auch die Verlegung von Arbeiten in die Winterzeit ist von einigen Gemeinden in bemerkenswertem

---

[1] Man sieht, daß die Grundsätze, die der preußische Minister des Innern in seiner oben erwähnten Verfügung niedergelegt hat, eigentlich außerhalb Preußens in die Praxis umgesetzt sind.

Umfange versucht worden. Mit Notwendigkeit drängt sich da die Frage auf, wie die **Erfolge** der getroffenen Maßregeln gewesen sind, ob sie zur Nacheiferung anspornen können oder nicht. Bei der Prüfung dieser Frage wollen wir unserer Unterscheidung entsprechend zunächst die **Notstands= arbeiten im engeren Sinne** untersuchen.

Durch die Erfahrungen, die während des vergangenen Winters gesammelt sind, wird in erster Reihe die alte Klage bestätigt, daß **Notstandsarbeiten teure Arbeiten sind**. Das ist verständlich, wenn man bedenkt, daß bei den Notstandsarbeiten manche Umstände zusammentreffen, die unbedingt zur Folge haben, daß der Aufwand ein größerer ist, als wenn die Arbeiten zur gewöhnlichen Zeit von Berufsarbeitern ausgeführt werden. Schon das Wetter beeinflußt einen Teil der Arbeiten im hohen Grade. Sobald durch starken Frost das Erdreich so fest geworden ist, daß Hacke und Schaufel die Schollen kaum loszulösen vermögen, sinkt bei den beliebtesten Notstandsarbeiten, den Erdarbeiten, die Arbeitsleistung ganz beträchtlich, während die Abnutzung der Gerätschaften in außerordentlichem Maße zunimmt. Der Ausfall ist um so größer, als, wie wir oben gesehen haben, gerade bei diesen Arbeiten überwiegend im Tage= oder Stundenlohn gearbeitet wird. Ferner ist zu berücksichtigen, daß eine nicht kleine Zahl der Notstandsarbeiter für die Arbeiten, die durchweg einen kräftigen Körper bedingen, nicht paßt und deshalb selbst bei gutem Willen nicht imstande ist, einigermaßen befriedigende Leistungen zu erzielen. Auch kann nicht geleugnet werden, daß unter den Notstands= arbeitern sich manche arbeitsscheue Personen befinden, die noch dazu die anderen vom Arbeiten abzuhalten pflegen. Endlich ist nicht außer acht zu lassen, daß die Notstandsarbeiten zum allergrößten Teile von den Gemeinden in eigener Regie unternommen werden und hierdurch allein — man denke nur daran, daß nicht immer geschultes Aufsichtspersonal vorhanden ist und daß bei den Erdarbeiten der Maschinenbetrieb nicht wie sonst stattfinden kann[1] — vielfach größere Kosten entstehen, als bei der Vergebung an einen Unternehmer erwachsen sein würden.

Diese verschiedenen Punkte, die gewöhnlich nicht einzeln, sondern vereint auftreten, bieten die Erklärung dafür, daß sehr wenige Städte in der Lage sind mitzuteilen, daß ihnen durch die Einrichtung von Notstandsarbeiten ein Mehraufwand nicht entstanden sei. Dies ist nur der Fall bei Bernburg, das einen Gesamtbetrag von 22 000 M. für Notstandsarbeiten ausgegeben hat, Crefeld, Düren, Duisburg und Guben. Als Grund wird übereinstimmend angeführt, daß die Minderleistung der Arbeiter durch die ihnen gezahlten geringeren Löhne ausgeglichen worden sei. Das Gleiche wird auch aus Colmar von den Straßenbauten gemeldet. Im übrigen ist allerorts, wenigstens soweit zu Anfang April eine Feststellung schon möglich war, ein Mehraufwand zu verzeichnen gewesen. Aus der nachstehenden Gegenüberstellung ist zu ersehen, wie sich in den einzelnen Städten der Gesamtaufwand und der Mehraufwand zu einander verhalten. Zu bemerken ist hierbei, daß die Zahlen im allgemeinen das Schotterschlagen, das unten besonders behandelt werden soll, nicht mit einbegreifen — allerdings ist bei Darmstadt,

---

[1] Darüber klagt besonders Danzig.

Die Einrichtung von Notstandsarbeiten und ihre Erfolge. 19

Göttingen, Hildesheim, München, Offenbach und Ulm eine solche Trennung nicht durchführbar — und daß die Zahlen, wie aus der Abrundung zu schließen ist, manchmal auf Schätzung beruhen.

	Gesamtaufwand.	Mehraufwand.
Aachen	M. 65 000	ein Drittel
Bielefeld	„ 22 000	M. 8 000
Bochum	„ 5 128	25 %
Breslau	„ 62 000	M. 3 000
Brünn	Kr. 16 883	50 %
Cannstadt	M. 10 000	M. 2 000
Chemnitz	„ 41 487	„ 15 925
Cottbus	„ 2 000	„ 200
Danzig	„ 82 701	Der Kubikmeter hat bei einem Teil der Arbeiten mehr als 2 M. gekostet, während er für 0,70 M. vorher an einen Unternehmer vergeben war.
Darmstadt	„ 25 231	M. 11 000
Dessau	„ 12 000	10 %
Düsseldorf	„ 86 158	M. 30 000
Eberswalde	„ 9 200	„ 1 680
Eilenburg	„ 18 000	„ 9 000
Elberfeld	„ 175 000	„ 43 000
Erfurt	„ 13 982	„ 4 660
Eßlingen	„ 16 000	„ 4 000
Göttingen	„ 5 000	„ 2 000
Hagen	„ 24 000	„ 4 800
Halle	„ 45 000	5 %
Hannover	„ 70 000	„ 8 000
Hildesheim	„ 14 000	„ 1 200
Kettwig	„ 11 183	„ 2 000
Konstanz	„ 4 180	„ 1 000
Linden	„ 4 800	„ 700
Ludwigshafen	„ 19 300	„ 5 000
Magdeburg	„ 75 000	ungefähr 1/3
Memel	„ 15 000	M. 2 500
München	„ 446 440	„ 94 290 darunter 60 000 M. für Schotterschlagen.
Nordhausen	„ 4 386	M. 1 000
Neuß	„ 1 412	„ 600
Offenbach	„ 71 991	1/3 bis 1/2
Ohligs	„ 16 500	M. 6 500
Sangerhausen	„ 2 300	„ 500
Schönebeck	„ 1 600	„ 1 200
Siegen	„ 18 000	M. 4 000 bis 4 500 M.
Straßburg	„ 67 000	M. 15 000

2*

	Gesamtaufwand.	Mehraufwand.
Ulm	M. 19 000	25 %
Wald	„ 25 400	M. 8 300
Weißenfels	„ 8 000	„ 1 000

Ist schon hier der Mehraufwand als ein sehr erheblicher zu bezeichnen, so stellt sich fast durchweg als noch ungünstiger das Schotterschlagen dar. Daß es auch drei Städte gibt, nämlich Arnstadt, Mülhausen i. Thür. und Osnabrück, die keine höheren Löhne für das Schotterschlagen als die üblichen Akkordlöhne bezahlt und infolge dessen keinen Mehraufwand aufzuweisen haben, kann bei dem allgemeinen Urteil nicht ins Gewicht fallen, zumal diese Art von Notstandsarbeit in den genannten Städten offenbar keine große Ausdehnung erreicht hat. Im übrigen war das Verhältnis zwischen Gesamtaufwand und Mehraufwand das folgende:

	Gesamtaufwand.	Mehraufwand.
Bonn	M. 29 300	M. 12 000
Cassel	„ 4 521	„ 1 091
Colmar	„ 6 000	„ 3 000
Frankfurt a. M.	„ 23 438 ohne Krankenversicherung, Zuschuß zum Mittagessen, Heizung d. Aufenthaltshütten u. Löhnung der Aufseher.	mehr als die Hälfte
Karlsruhe	M. 37 593	M. 15 601
Lennep[1]	„ 7 000	„ 2 500
Mainz[1]	„ 23 438	„ 6 307
Rheydt	„ 4 222	„ 1 913

Zu einem höchst abfälligen Urteil über die finanzielle Seite des Schotterschlagens ist Mannheim gelangt. In der oben angezogenen Vorlage an den Bürgerausschuß heißt es:

„Wenn der Schotter direkt aus dem Bruch bezogen wird, so wird durch das von der Maschine bewirkte Schlagen des Schotters nur 70 Pfg. pro cbm. berechnet, während bisher an Akkordlohn den Arbeitslosen 3 M. pro cbm. bezahlt wurden. Die Ersparnis von 70 Pfg. reicht nicht einmal dazu, um die durch die Arbeitslosenbeschäftigung entstehenden Unkosten (Fuhrlohn für den Transport der Steine, Geräte und Werkzeuge u. s. w.) zu decken; der gesamte Arbeitslohn fällt als unproduktive Ausgabe, die keinen Nutzen gewährt, der Stadtkasse zur Last". Weiter behauptet Mannheim, daß der mit der Hand bereitete Schotter weniger gleichmäßig als der mit der Maschine geschlagene und deshalb minderwertig sei. Gerade den entgegengesetzten Standpunkt nimmt in dieser Hinsicht Darmstadt ein; das dortige Tiefbauamt hält dafür, daß das Handgeschläge trotz der höheren Herstellungskosten wegen seiner größeren Widerstandsfähigkeit den Vorzug gegenüber dem durch Steinbrechmaschinen hergestellten Schotter verdiene.

---

[1] Außer dem Schotterschlagen sind in den Summen noch andere Arbeiten enthalten, die aber allem Anschein nach keinen großen Umfang gehabt haben.

Dem Vernehmen nach wird die Ansicht von Darmstadt in Fachkreisen beinahe allgemein geteilt; es wird hervorgehoben, daß der Maschinenschotter wegen seiner mehr länglich flachen Form sich bei weitem nicht so gut einwalzen lasse, wie der durch die Hand geschlagene mit seiner würfeligen Form und daß daher die Herstellungskosten einer Straße bei Anwendung von Maschinenschotter höher seien. Es liegt auf der Hand, daß diesem Umstande erhebliche Wichtigkeit beizumessen ist, wenn man vor der Frage steht, ob Schotterschlagen als Notstandsarbeit eingerichtet werden soll.

Der Vollständigkeit halber sei noch angeführt, daß Regensburg bei seiner Kiesgewinnung, die insgesamt 2400 M. Kosten verursachte, den Mehraufwand auf 1000 M. berechnet.

Die Notstandsarbeiten sind aber der Regel nach nicht nur teure Arbeiten, sondern zeichnen sich auch durch sonstige Schattenseiten aus.

Hierhin gehört vor allen Dingen die Tatsache, daß die Notstandsarbeiter häufig zu Klagen über ihr Verhalten, besonders ihren Fleiß, Anlaß geben. Zwar haben mehrere Städte, darunter einige, die Notstandsarbeiten in erheblichem Umfange unternommen haben, wie Aachen, Breslau, Cöln, Halle, Hannover, Kettwig, Ludwigshafen, Straßburg, Ulm und Wald berichtet, daß die Arbeiter keinen Grund zur Klage geboten hätten. Diesen Städten steht jedoch eine große Reihe anderer gegenüber, die üble Erfahrungen gemacht haben und in mehrfacher Beziehung Klagen laut werden lassen. Daß Trunkenheit und Widersetzlichkeit öfters vorkommt, ist nur zu verständlich, wenn man sich immer wieder vor Augen hält, daß die minderwertigen Arbeiter im Falle einer gewerblichen Krisis von den Unternehmern zuerst abgestoßen werden. Auch erscheint es nicht verwunderlich, wenn Darmstadt bemerkt, daß die jugendlichen Arbeiter am meisten Anlaß zur Klage gegeben hätten. Die gleiche Beschwerde erhebt Frankfurt a. M.; es führt aus: „Die Beschäftigten waren, soweit sie ältere, verheiratete Leute waren, meist ordentlich und mit den Bedingungen zufrieden; dagegen waren die jüngeren und ledigen Arbeiter vielfach schon beim Nachsuchen der Arbeit ungezogen, ja frech und während der Arbeit häufig faul, unbotmäßig und zu Unfug geneigt."

Am häufigsten kehrt wieder die Klage über den Unfleiß der Arbeiter. So teilt Colmar mit, daß trotz fortwährender Aufsicht und Ahndung möglichst wenig und langsam gearbeitet worden, und Düsseldorf, daß Fleiß nur vorhanden gewesen sei, wenn entsprechende Aufsicht stattgefunden habe. Konstanz gibt an, ein Drittel der Arbeiter sei als arbeitsscheu bekannt gewesen, während Rheydt das sogar von der Mehrzahl der Notstandsarbeiter behauptet. Auch Siegen meldet, daß sich unter den Notstandsarbeitern etliche befunden hätten, die sonst die meiste Zeit dem Müßiggange huldigten. Bezeichnend ferner für die Arbeitswilligkeit der Notstandsarbeiter sind Beobachtungen, die Essen und Karlsruhe gemacht haben. Essen hat festgestellt, daß fast regelmäßig am Montag eine auffällige Abnahme der arbeitenden Arbeitslosen zu bemerken und dieses Feiern des „blauen Montags" fast nur bei den ungelernten Arbeitern zu finden war. Karlsruhe hat wahrgenommen, daß gerade um die Fastnachtszeit ein großer Teil der Arbeiter feierte. An einigen Orten scheinen auch die Arbeiter eine merkwürdige Ansicht von dem Zweck der Notstandsarbeiten an den Tag gelegt zu haben. Beinahe unglaublich klingt die Nachricht aus Schönebeck, daß ein Teil der Arbeiter sich weigerte, die Arbeitsgeräte zu tragen.

Hiernach mutet es einen nicht befremdend an, daß in Leipzig von etwa 560 Personen 120 wegen ungebührlichen Betragens, Trunkenheit oder aus ähnlichen Gründen entlassen werden mußten. In solchen Fällen ist es aber auch dringend geboten, mit voller Strenge vorzugehen. Wenn seitens einzelner Arbeitslosen ein so geringes Verständnis für ihre Lage offenbart wird, kann unmöglich von der Gemeinde verlangt werden, daß deren Beschäftigung auf Kosten der Allgemeinheit noch weiter fortgesetzt werden soll. Dann bleibt eben nichts anderes übrig als diejenigen Personen, die nicht mehr durch ein bißchen Ehrgefühl zur Arbeit getrieben werden, auf die Armenpflege, unbekümmert um die entehrenden Folgen, zu verweisen. In erster Linie trifft dies natürlich bei den sogen. Arbeitsscheuen zu. Diese sollten bei den Notstandsarbeiten überhaupt nicht eingestellt werden. Denn mit unserer Auffassung von dem Begriff „Notstandsarbeit", wie sie oben entwickelt ist, ist die Beschäftigung von Personen, die als Müßiggänger bekannt sind, nicht verträglich. Notstandsarbeiten haben nichts mit der Armenpflege zu thun; für Arbeitsscheue aber ist die Armenpflege gerade gut genug.

Die Entscheidung über die Frage, ob eine Nichteinstellung oder Entlassung für gerechtfertigt zu erachten, wird am besten der nach dem Vorbilde von Mannheim einzusetzenden besonderen Kommission anvertraut werden, und das ist ein Grund mehr, die Bildung einer solchen Kommission zu veranlassen. Das Gefühl, mit voller Unparteilichkeit behandelt zu werden, darf auch den Arbeitslosen nicht fehlen. Dazu wird aber erheblich die Tatsache beitragen, daß gegen die Anordnungen eines einzelnen Beamten das Beschwerderecht an eine Kommission gegeben ist. Aus diesem Gesichtspunkt heraus hat ja auch Offenbach gegen die Einteilung der Arbeiter in Gruppen nach ihrer Leistungsfähigkeit die Beschwerde zum Bauausschuß zugelassen.

Doch viel wichtiger als alle Klagen über mangelnden Fleiß, Trunksucht und Widerspenstigkeit der Arbeiter ist der Übelstand, daß die Notstandsarbeiten für eine große Zahl von Arbeitslosen nicht passen; dieser Übelstand beeinträchtigt den Erfolg der Arbeiten in außerordentlichem Maße.

Wir haben oben gefunden, daß die Zahl der Arbeiten, die sich zur Beschäftigung der Arbeitslosen eignen, eine sehr beschränkte ist, und daß auch nicht zu erwarten steht, daß in Zukunft, vielleicht abgesehen von einigen geringen Ausnahmen, die auf rein örtlichen Verhältnissen beruhen, eine Verbesserung in der Auswahl der Notstandsarbeiten eintritt. Diejenigen Arbeiten aber, die heute vorgenommen werden, Steineschlagen, Kiesgewinnung, Erd- und ähnliche Arbeiten können nur von solchen Leuten verrichtet werden, die einen einigermaßen kräftigen Körper besitzen und in etwa den Unbilden des Winters Stand zu halten vermögen. Wie soll dies der Fall sein bei der großen Masse der Textilarbeiter, die gewöhnt sind, in warmen, manchmal sogar überheizten Räumen zu arbeiten und infolge der sich unfehlbar einstellenden Verweichlichung gegen Nässe und Kälte sehr empfindlich geworden sind? Derartige Arbeiter können im Winter nicht im Freien tätig sein, ohne sich den schwersten Schädigungen ihrer Gesundheit auszusetzen[1]. Dazu kommt, daß die Mehrzahl gar nicht die körperliche Kraft hat, die zu einem längeren Arbeiten mit Hacke, Spaten und Schippe erforderlich ist. Es ist deshalb gut zu verstehen, daß Cottbus, ein Hauptsitz der Tuchfabrikation, meldet: „Die Textilarbeiter ließen in ihrer Leistungsfähigkeit zu wünschen übrig, weil sie schwere Arbeiten nicht gewöhnt sind." Allein wenn die körperliche Fähigkeit zu Notstandsarbeiten an und für sich vorhanden ist, so können dennoch solche Arbeiten öfters aus einem anderen Grunde arbeitslosen Personen nicht zugemutet werden. Eine erhebliche Zahl der gelernten und am besten bezahlten Arbeiter, vornehmlich in der Textilindustrie, hat eine gewisse Geschicklichkeit und Feinfühligkeit der Hände erworben, die zur Herstellung feinerer Ware unerläßlich ist. Dies trifft z. B. zu bei Tuchwebern, Bandwirkern sowie bei fast allen Arbeitern der Besatz- und Spitzenindustrie. Mit Recht werden Notstandsarbeiten von diesen Arbeitern zurückgewiesen, weil der Schade, den sie auf die Dauer erleiden, unter Umständen weit größer ist als der augenblickliche Vorteil, der in der Erlangung der Notstandsarbeit liegt. Kann man diese Stellungnahme einem Arbeiter verdenken, der vor Augen sieht, daß er im günstigsten Fall sich später längere Zeit hindurch mit einem geringeren Lohne begnügen muß, daß er aber durch die grobe Arbeit sogar die Geschicklichkeit seiner Hände für immer verlieren kann? Die unausbleibliche Folge, wenn letzteres eintritt, ist, daß die Zahl der ungelernten Arbeiter vermehrt wird, und das ist im Interesse des Arbeiters und der Allgemeinheit so beklagenswert, daß man die Aufnahme der Notstandsarbeit beim Vorhandensein jener Gefahr nicht anzuraten vermag.

Soll nun deshalb, weil Notstandsarbeiten teuere Arbeiten sind, die Arbeitslosen manchmal zu Klagen Anlaß geben, und ganze Gruppen von Arbeitern zu den Notstandsarbeiten nicht herangezogen werden können, eine Gemeinde von der Einrichtung derartiger Arbeiten überhaupt Abstand nehmen, und dem drohenden Gespenst gegenüber, das sich Arbeitslosigkeit nennt, die Hände in den Schoß legen? Nein und abermals nein! Niemand wird verkennen, daß die aus der Arbeitslosigkeit entspringenden Gefahren so groß sind, daß die wenigen Mittel, die es gibt, unbedingt angewandt werden müssen. Außerdem darf wohl behauptet werden, daß die Schattenseiten der Notstandsarbeiten, wenigstens zum Teil, gemildert werden können, falls die Einrichtung der letzteren sorgfältiger und planmäßiger vorbereitet wird als bisher. Denn die Erfahrung hat gelehrt, daß die Arbeiten gerade dann zu den erheblichsten Klagen in jeder Beziehung Veranlassung bieten, wenn die Gemeindeverwaltung, gedrängt durch die Arbeit heischenden Massen der Arbeitslosen, überstürzt vorgeht. Jede Gemeinde, an die die Frage der Arbeitslosenbeschäftigung herantreten kann, sollte daher bei Zeiten durch die technischen Ämter solche Arbeiten bereit stellen lassen, die, sofern erforderlich, sofort in Angriff genommen zu werden vermögen.

---

[1] Bezeichnend ist, daß die Gewerbeaufsichtsbeamten neuerdings bei der Errichtung von Textilfabriken fordern, daß die Abortanlagen im Innern der Gebäude und so angebracht werden, daß die Arbeiter dorthin gelangen können, ohne sich der Zugluft auszusetzen.

Für die Beurteilung, ob eine Verschlechterung des Erwerbslebens vorliegt und zumal eine so tiefgehende, daß die Bereitstellung von Notstandsarbeiten ins Auge gefaßt werden muß, ist es notwendig, die Lage des Arbeitsmarktes ständig zu verfolgen. Zunächst darf die Beobachtung der Ergebnisse des Arbeitsnachweises nicht unterlassen werden. Vor allem jedoch ist es ratsam, von dem Mittel, das erst in den letzten Jahren, man möchte sagen, entdeckt worden ist[1], möglichst schnell Gebrauch zu machen, nämlich die Krankenkassen zu veranlassen, die Zahl ihrer Mitglieder jedesmal mit dem Monatsschluß festzustellen und sofort der Aufsichtsbehörde einzureichen. Man wird dann, wenn die Zahlen eines längeren Zeitraumes, etwa eines Jahres ermittelt sind, imstande sein, an dem Steigen oder Sinken des Mitgliederstandes den Wechsel des Beschäftigungsgrades von Monat zu Monat abzulesen und sofern die Zahlen für eine Reihe zurückliegender Jahre gesammelt sind, zu erkennen, inwieweit die Veränderungen auf Schwankungen der Jahreszeit oder auf Einwirkungen einer Krisis beruhen[2]." Das Mittel ist ein so einfaches, daß es schon aus diesem Grunde den Vorzug verdient vor den Arbeitslosenzählungen und Meldungen, die an Wert immerhin recht zweifelhaft sind und außerdem zuweilen beträchtliche Kosten verursachen. Im Anfange wird man freilich bei der Anwendung dieses Mittels einige Geduld haben müssen, weil die Krankenkassen sich zum Teil an die Pünktlichkeit der Einlieferung schwer gewöhnen können; allein es hat sich gezeigt, daß mit der Zeit dieser Mißstand verschwindet.

Der Standpunkt, daß Notstandsarbeiten trotz ihrer Mängel beizubehalten sind, hat umsomehr Berechtigung, als in dem verflossenen Winter eine große Schar von Arbeitslosen mit jenen Arbeiten beschäftigt worden ist, ein Beweis dafür, daß es noch eine erhebliche Zahl von Arbeitern gibt, für die die Notstandsarbeiten passend erscheinen. Als Höchstzahl der eingestellten Personen werden folgende Ziffern angegeben[3]:

Von Aachen	460	Crefeld	110
Aschersleben	140	Danzig	814
Bernburg	150	Darmstadt	342
Bielefeld	230	Düren	215
Bonn	280	Düsseldorf	1400
Breslau	400	Duisburg	774
Brünn	171	(bis zum 15. April)	
Chemnitz	632	Eberswalde	200
Cöln	148	Elberfeld	900
(nur Steineschlagen[4])		Erfurt	251
Cöthen	150	Eßlingen	100
Colmar	128	Hagen	223

---

[1] Vergl. den Arbeitsmarkt vom 15. Februar 1902.
[2] Daselbst Spalte 179.
[3] Nur diejenigen Städte sind angeführt, die wenigstens 100 Personen mit Notstandsarbeiten beschäftigt haben.
[4] Es wurden noch andere Notstandsarbeiten vorgenommen, für die jedoch keine Zahlen beigebracht werden konnten.

Die Einrichtung von Notstandsarbeiten und ihre Erfolge. 25

Halle	700	München	700
Hannover	350	(nur Straßenbauten[1])	
Heilbronn	195	Nürnberg	633
Karlsruhe	197	Osnabrück	110
Leipzig	560	Pforzheim	209
Ludwigshafen	300	Remscheid	250
Magdeburg	536	Straßburg	700
Mainz	198	Stuttgart	189
Memel	100	Weißenfels	150
		Zwickau	221

Frankfurt a. M. meldet, daß es im Februar die größte Zahl, nämlich 216 Personen, mit Notstandsarbeiten beschäftigt habe; in Offenbach wurde diese Zahl im Januar mit 170 erreicht.

Aus diesen Ziffern läßt sich zur Genüge ersehen, daß durch die Einrichtung von Notstandsarbeiten mancher davor bewahrt geblieben ist, die Armenpflege um Hilfe angehen und ihre entehrenden Folgen auf sich nehmen zu müssen.

Im besonderen sei noch hervorgehoben, daß auch das Schotterschlagen, obgleich es diejenige Arbeit ist, die der Mehrzahl der Städte den größten Mehraufwand gebracht, dennoch einige Vorzüge besitzt, die es eigentlich unentbehrlich machen. Dazu gehört — das betont gerade Mannheim, das sonst ja ein überaus ungünstiges Urteil über Schotterschlagen gefällt hat —, daß letzteres in gedeckten Räumen vorgenommen und daher fortgesetzt werden kann, wenn andere Arbeiten, z. B. Erd-, Maurer- und Gartenarbeiten wegen strenger Kälte zur Einstellung gelangen. Ferner dürfte es sich empfehlen, die Einrichtung des Schotterschlagens zur Hand zu haben für den Fall, daß verhältnismäßig wenig Arbeitslose um Arbeit vorstellig werden. Denn vielfach sind die anderen Arbeiten auf eine so große Menge Arbeitsloser berechnet, daß es sich nicht lohnt, sie bei einer geringen Zahl von Arbeitslosen in Angriff zu nehmen, man vielmehr gut tut, sie für schlechtere Zeiten zurückzustellen. Endlich fällt noch ins Gewicht, daß das Schotterschlagen, vorausgesetzt daß es so planmäßig eingerichtet wird wie in Frankfurt a. M. oder Colmar, sehr geeignet ist zur Prüfung der Arbeitswilligkeit.

Weit bessere Erfolge als die Einrichtung von Notstandsarbeiten im engeren Sinne hat die Verlegung städtischer Arbeiten in die Winterzeit aufzuweisen. Wie oben erwähnt, berichten Braunschweig, Dresden und Heidelberg, daß durch die Inangriffnahme zahlreicher öffentlicher Bauten soviel Arbeitsgelegenheit geschaffen worden sei, daß man von Notstandsarbeiten habe absehen können. Die Vorzüge der Arbeitsverschiebung liegen auch klar zu Tage. In erster Reihe wirkt sie der Arbeitslosigkeit vorbeugend entgegen und vollzieht sich weit geräuschloser als die Notstandsarbeit. Ferner fallen manche Unzuträglichkeiten der letzteren dadurch von selbst fort, daß die Beschäftigung unter den Bedingungen des normalen Arbeitsvertrages stattfindet.

---

[1] Wie bei Cöln.

So hält sich der Lohn in der gewöhnlichen Höhe, während er bei den Notstandsarbeiten aus besonderen Gründen unter dem ortsüblichen Tagelohn festgesetzt werden muß. Auch das ist nicht zu leugnen, daß es für das Selbstgefühl des Arbeiters ungleich besser ist, daß seine Tätigkeit vor sich geht in dem gewohnten Geleise des Arbeitsvertrages als in den außerordentlichen und manche Abweichungen mit sich führenden Formen der Notstandsarbeit.

Freilich sind, wie Flesch richtig bemerkt [1], unsere technischen Ämter bisher auf die Verlegung der Arbeiten noch nicht genügend eingerichtet. Auch läßt sich nicht in Abrede stellen, daß hier und da durch diese neue Regelung die Arbeiten z. B. Erdarbeiten sich etwas teuerer stellen werden. Allein gegen die Arbeiten im Innern der Gebäude wird wohl kaum ein Einwand geltend gemacht werden können, und schließlich darf aber auch ein mäßiger Mehraufwand bei einer so brennenden Frage, wie die Bekämpfung der Arbeitslosigkeit ist, nicht allzuschwer in die Wagschale fallen [2]. Das eine ist jedenfalls durch die Versuche, die im verflossenen Winter angestellt sind, unwiderleglich dargetan, daß die Verschiebung praktisch durchführbar ist. Auch einem anderen Bedenken, daß nämlich der Zuzug nach einer Stadt, die umfangreiche öffentliche Bauten und Arbeiten unternimmt, in höchst unerwünschter Weise sich steigern wird, kann eine ausschlaggebende Bedeutung nicht beigelegt werden. Denn dieser zweifellos zu fürchtende Mißstand wird sich in dem gleichen Maße verringern, wie die deutschen Städte allgemeiner als bis jetzt an die Verlegung der Arbeiten in den Winter herangehen. Allein abgesehen hiervon würde es sicherlich möglich sein, falls die Notwendigkeit sich ergeben sollte, von vornherein Abhilfe zu schaffen; wo ein Wille, ist auch ein Weg. Beispielsweise würde zu erwägen sein, ob nicht bei der Vergebung der Arbeiten dem Unternehmer zur Bedingung gemacht werden könnte, daß nur solche Arbeiter eingestellt werden dürfen, die längere Zeit, vielleicht ein Jahr, ihren Aufenthalt in der Gemeinde haben.

Es braucht nicht weiter erörtert zu werden, daß durch die Verschiebung von Arbeiten in den Winter hinein in der Hauptsache die Bauhandwerker, Maurer, Handlanger, Schlosser, Anstreicher, Stuckateure u. s. w. Arbeitsgelegenheit erhalten, daß also hierdurch im wesentlichen nur der allwinterlich wiederkehrenden Arbeitslosigkeit der sogenannten Saisonarbeiter wirksam entgegen getreten wird. Die Arbeitsverschiebung darf jedoch insofern nicht unterschätzt werden, als die Ausdehnung ihrer Wirkung zu gering veranschlagt wird. Allerdings liegen bisher darüber keine Mitteilungen vor, wie vielen Personen mit den in den Winter verlegten Arbeiten Beschäftigung verschafft worden ist. Einzig und allein Frankfurt a. M. ist in der Lage, genauere Angaben machen zu können; dort kam die Zahl der von den technischen Ämtern mit derartigen Arbeiten Beschäftigten schon Mitte Januar dieses Jahres nahe an

---

[1] A. a. O. Spalte 555.
[2] Wie etatsrechtlich ein derartiger Mehraufwand zu behandeln ist bei Unternehmungen, die aus einer Anleihe hergestellt werden, hat Mannheim gezeigt. Es führt den Mehraufwand als Ausgabe für die Beschäftigung Arbeitsloser in dem ordentlichen Voranschlag auf.

500 heran. In erster Linie aber spricht schon der Umstand, daß eine so große Stadt wie Dresden nicht nötig hatte, mit der Einrichtung von Notstandsarbeiten vorzugehen, dafür, daß die Wirkung recht weit reichen muß. Es ist demnach wohl der Wunsch gerechtfertigt, daß die deutschen Städte es sich weit mehr, als das bis jetzt der Fall war, angelegen sein lassen, durch eine planmäßigere Verteilung ihrer Arbeiten, insbesondere durch tunlichste Verlegung der letzteren in die Winterzeit, eine möglichst wenig Stockungen ausgesetzte Beschäftigung mancher Erwerbszweige herbeizuführen.

Notstandsarbeiten und Arbeitsverschiebung, das sind also in der Hauptsache die Mittel, die einer Gemeindeverwaltung bei der Bekämpfung der Arbeitslosigkeit zur Verfügung stehen. Meistens werden beide sich gegenseitig ergänzen müssen; doch läßt sich auch der Fall denken, daß in einer Gemeinde, die industrielle Werke garnicht oder in geringem Umfange besitzt und daher lediglich die Saisonarbeitslosigkeit zu fürchten hat, die Vornahme von Bauten in der Winterzeit völlig ausreichend erscheint. Nach dieser Richtung wird eine allgemein gültige Regel schwerlich aufgestellt werden können, weil die örtlichen Verhältnisse von entscheidender Bedeutung sind.

Sind nun jene Mittel, wenn sie in einer Gemeinde planmäßig und in möglichst großem Umfange zur Anwendung kommen, imstande, das Gespenst der Arbeitslosigkeit zu bannen? Aus den Ausführungen über die Erfolge der Notstandsarbeiten im engeren Sinne ist schon zu ersehen, daß diese Frage unbedingt verneint werden muß. Notstandsarbeiten, und das gleiche gilt naturgemäß für die Unternehmungen, die in den Winter verlegt sind, können für manche Gruppen von Industriearbeitern nur als ungeeignet oder Schaden bringend bezeichnet werden. Noch ein anderes kommt in Betracht. Die augenblickliche Krisis ist glücklicherweise, wie von allen Seiten anerkannt wird, ungleichmäßig verteilt. Wie soll aber, wenn eine allgemeine Krisis eintritt und das ganze Erwerbsleben ergreift, eine Gemeinde in der Lage sein, die vielleicht nach Zehntausenden zählenden Arbeitslosen zu beschäftigen? Auch ihre Leistungsfähigkeit hat eine Grenze! Es bleibt eine große Lücke, die zu schließen, wie die Verhältnisse heute und auf absehbare Zeit liegen, außerhalb des Machtbereichs der Gemeinde steht. Völlige und gründliche Hilfe kann nur erwartet werden von der Lösung des Problems, das seit einigen Jahren und besonders lebhaft in letzterer Zeit, in Zeitungen und Vorträgen, auf Kongressen und im Reichstage behandelt wird, von der Versicherung gegen Arbeitslosigkeit.

Möge durch die Annahme der Resolution Pachnicke-Hitze-Bassermann-Rösicke in der Sitzung des Reichstages vom 31. Januar d. Js. ein kräftiger Schritt auf dem Wege zu jenem Ziele getan sein. Die Schwierigkeiten, die entgegenstehen, sind freilich nicht gering, und bis das Gebäude der deutschen Arbeiterversicherung mit der Versicherung gegen Arbeitslosigkeit gekrönt ist, wird sicherlich mancher Tropfen ins Meer hinabfließen. Darum sollte es für die deutschen Gemeinden ein Mahnruf sein, der nicht genug beherzigt werden kann, daß Notstandsarbeiten und Arbeitsverschiebung nicht entbehrt werden können, vielmehr im allgemeinen Interesse und dem der Arbeiter planmäßiger und noch eifriger als bisher ins Werk gesetzt werden müssen. Auch hier ist, wie sonst häufig, das Wort am Platze: „**Das Bessere ist der Feind des Guten**".

Als Ergebnis der vorstehenden Untersuchung werden folgende Leitsätze zur Annahme empfohlen:
1. Es ist zu unterscheiden zwischen Notstandsarbeiten im engeren Sinne und der Verlegung an und für sich notwendiger öffentlicher Arbeiten in die arbeitsstillere Zeit (Arbeitsverschiebung). Diese soll allgemein vorbeugend wirken, jene sollen eine vorhandene Arbeitslosigkeit beseitigen helfen.
2. Keine der beiden Veranstaltungen ist eine Maßregel der Armenverwaltung. Beide bedürfen einer planmäßigeren Vorbereitung als bisher.
3. Zur gründlichen Bekämpfung der Arbeitslosigkeit können neben diesen Veranstaltungen andere Maßregeln, in erster Linie die Versicherung gegen Arbeitslosigkeit, nicht entbehrt werden.

Anhang.

Anlage I.

Frankfurt a. M.

Vorschriften vom 2. September 1901 über die Zulassung zur Beschäftigung mit Steineschlagen (Steinschlageplatz Obermainstraße). I. 1. Jeder zur Arbeit als Steinklopfer Zugelassene wird fünf (5) Tage lang gegen festen Stundenlohn von 0,25 M. beschäftigt, um Gelegenheit zu haben, die Arbeit zu erlernen. — 2. Nach Ablauf dieser fünf Tage wird jeder Arbeiter je nach seinem Alter und seiner Arbeitsfähigkeit einer besonderen Gruppe zugewiesen. — II. 1. Gruppe I enthält die Familienväter von 25—50 Jahren, insofern sie nicht Gewerben angehören, welche naturgemäß das Steinschlagen weniger gut verrichten können (Schneider, Schreiber u. s. w.). Gruppe II enthält insbesondere die jungen Leute bis zu 25 Jahren. — 2. Gruppe III enthält die älteren Leute, sowie diejenigen, welche in Rücksicht auf ihr sonstiges Gewerbe der Gruppe II nicht zugewiesen sind. — 3. Jeder zum Steinschlagen Gewiesene muß täglich mindestens $1/4$ (ein viertel) cbm schlagen; den zur Gruppe III Gewiesenen kann vom Aufseher auch noch weitere Ermäßigung bewilligt werden. — 4. Wer das vorgeschriebene Maß nicht erreicht, wird sofort entlassen. Läßt sich nicht feststellen, wer von mehreren gemeinschaftlich Arbeitenden sich der Arbeit entzieht, können alle entlassen werden. Jeder Beschäftigte erhält gleichmäßig den Stundenlohn von 0,25 M. bei einer Tagesarbeit von regelmäßig acht Stunden. — III. Den zur Gruppe I Zugewiesenen kann ein Überverdienst zugestanden werden und zwar in der Art, daß, wenn sich bei Ausmaß der geleisteten Arbeit herausstellt, daß mehr als $1/4$ cbm für den Mann und Tag geschlagen worden ist, das Quantum nach dem gewöhnlichen Satze (4,50 M. pro cbm) bemessen und ein Mehrerlös den einzelnen Leuten je nach der Zahl der von ihnen verrichteten Arbeitsstunden gutgeschrieben wird. Die Auszahlung des Überverdienstes, auf den die zur Notarbeit Zugelassenen kein Recht haben, erfolgt indessen stets erst am Schluß des Monats, oder bei Einstellung der Notarbeit. — IV. Die Portion Mittagessen wird in der Halle am Ostendplatz für 0,10 M. an die Steinschläger abgegeben. — Die Kosten der Alters- und Krankenversicherung werden allein vom Amt getragen, ohne Abzug für die Beschäftigten.

Waisen- und Armenamt.

Anlage II.
Offenbach a. M.

Bestimmungen vom 10. Mai 1899 betr. die Beschäftigung von arbeitslosen und erwerbsbeschränkten Personen in der Stadt.

§ 1. Gesuche arbeitsfähiger aber zeitweise arbeitsloser sowie erwerbsbeschränkter Personen um vorübergehende oder dauernde Beschäftigung bei der Stadt sind bei dem Bauamt anzubringen. — § 2. Bei Stellung des Gesuchs ist der Nachweis zu erbringen, daß Gesuchsteller in Offenbach unterstützungswohnsitzberechtigt und arbeitslos ist. Wird dieser Nachweis nicht erbracht, so kann das Bauamt durch die Deputation für das Armenwesen die Personalverhältnisse auf vorgeschriebenem Formular feststellen und ermitteln lassen, ob die betreffende Person den Unterstützungswohnsitz in Offenbach hat, sowie welche Gründe das Gesuch veranlassen. — § 3. Eine Beschäftigung von Personen, die den Unterstützungswohnsitz in Offenbach nicht haben, darf aus den für die Beschäftigung Arbeitsloser vorgesehenen 30 000 M. nicht angeordnet werden. — Auf die 30 000 M. dürfen Arbeiten, welche als voranschlagsmäßige anzusehen sind, nicht berechnet werden. — § 4. Das Stadtbauamt wird zunächst die Arbeitsfähigkeit und Eigenschaft der Eingestellten ermitteln und dieselben ihren Kräften entsprechend beschäftigen. — Bei der Beschäftigung werden dieselben einer der im § 5 erwähnten Lohnklassen überwiesen. — § 5. Den Eingestellten werden folgende Löhne bis auf weiteres gewährt. 1. Den großjährigen Arbeitsfähigen jedoch zeitweise Arbeitslosen, welche für die ihnen vom Bauamt zuzuweisenden Arbeiten geeignet sind, pro Stunde nicht unter 22 Pfg. — 2. Diejenigen, welche für die ihnen zugewiesenen Arbeiten nur mangelhaft geeignet sind, den Minderjährigen sowie den Erwerbsbeschränkten je nach der in Gemäßheit des § 4 erfolgten Einschätzung nach Maßgabe ihrer Leistungen pro Stunde 20, 18, 16, 14 Pfg. — Minderjährige sowie vollständig arbeitsfähige ledige Personen sollen nur in besonders dringenden Fällen Berücksichtigung finden. — § 6. Beträgt der Wert der Leistungen weniger als 14 Pfg. pro Stunde, so hat das Bauamt mit Begründung der Deputation für das Armenwesen hiervon Kenntnis zu geben, welche hierauf Barunterstützung eintreten lassen kann. — § 7. Gegen die Einschätzung in Lohnklassen gemäß § 5 Pos. 2 und § 6 steht der betreffenden Person das Beschwerderecht an den Bauausschuß zu, welcher endgültig entscheidet. — § 8. Die Anstellung von Arbeitern, welche das Bauamt für seine regelmäßigen Arbeiten benötigt, wird durch diese Bestimmungen nicht berührt. — § 9. Diese Bestimmungen treten sofort in Kraft. Großh. Bürgermeisterei.

Genehmigt durch die Stadtverordnetenversammlung.

Anlage III.

Mainz.

Arbeitsordnung vom 29. Dez. 1900 für die außerordentlichen Arbeiten zur vorübergehenden Beschäftigung arbeitsloser Leute im Winter 1900/1901.

Art. 1. Die allgemeinen Bestimmungen über die Arbeits- und Lohnverhältnisse der in den städtischen Betrieben beschäftigten Arbeiter nach der vorgesehenen und von der Stadtverordnetenversammlung am 7. Juli 1900 gutgeheißenen neuen Arbeitsordnung gelten für die Beschäftigung Arbeitsloser mit folgenden Ergänzungen. — Art. 2. Das Arbeitsverhältnis ist ein vorübergehendes und kann daher von beiden Seiten ohne vorherige Kündigung täglich aufgelöst werden, es gilt als aufgehoben insbesondere immer dann, wenn ein Arbeiter die angeordnete Dienstzeit ohne genügende vorherige Entschuldigung (Krankheitsfälle ausgeschlossen) versäumt. — Im allgemeinen soll dem einzelnen Arbeiter eine Beschäftigung von 6 Tagen gewährt werden. Bei besonders befriedigender Leistung kann ausnahmsweise eine Weiterbeschäftigung in der folgenden Lohnperiode erfolgen. — Art. 3. Die tägliche Arbeitszeit ist bis auf weiteres auf acht Stunden festgelegt, und zwar von 7½ Uhr früh bis 5 Uhr nachmittags, mit einer halbstündigen Vormittags- und einer einstündigen Mittagspause. — Art. 4. Der Lohnsatz ist zu 7 M. für den Kubikmeter geschlagener Porphyr- oder Basaltsteine und zu 3,50 M. für den Kubikmeter geschlagener Kalksteine angesetzt; in diesem Betrage ist auch die Vergütung für das Transportieren und Aufschichten der geschlagenen Steine in regelmäßige Haufen berücksichtigt. — Für vorübergehende Nebenarbeiten als Straßenreinigung, Aufräumen und Transportieren von Materialien aus und in den städtischen Magazinen u. s. w., welche sich im Akkord nicht verrechnen lassen, kann ausnahmsweise ein Stundenlohn von 25 Pf. pro Arbeitsstunde gewährt werden. — In Abzug von der Verdienstsumme kommen: a) die Krankenversicherungsbeiträge der IV. Lohnklasse für alle nicht bei einer, den gesetzlichen Bestimmungen entsprechenden, Hilfskasse versicherten Personen. b) Die Alters- und Invaliditätsversicherungsbeiträge der III. Lohnklasse für jede angefangene Woche und für alle Personen. — Art. 5. Das nötige Arbeitsgeschirr stellt die Stadtverwaltung zur Verfügung; dasselbe ist bei Niederlegung der Arbeit sofort an den betr. Aufseher wieder abzuliefern. Für gewaltsame Beschädigung oder Abhandenkommen desselben hat der schuldige Arbeiter Ersatz zu leisten, wobei der Lohnverdienst als Sicherheit der Stadt gilt. — Art. 6. Die Lohnberechnung findet jeweils für 6 Tage, die Auszahlung am zweiten Tage nach Schluß der Liste für alle in der betr. Arbeitsperiode beschäftigten und etwa ausgetretenen Arbeiter statt. — Bei Entlassungen seitens der Stadt soll der verdiente Lohn an dem der Entlassung folgenden Wochentag zur Auszahlung gelangen. — Art. 7. Einsprüche gegen die Lohnberechnung sind sofort bei dem die Aufsicht führenden städtischen Aufseher vorzubringen, hierbei etwa verbleibende Anstände werden zur Klarstellung durch das Tiefbauamt protokollarisch festgestellt. — Art. 8. Die Arbeiter sind verpflichtet, die Arbeitszeit pünktlich innezuhalten, dies auch bei Akkordarbeiten und allen Anweisungen des Aufsichtspersonals, insbesondere auch den zur Verhütung von Unglücksfällen getroffenen Anordnungen unweigerlich Folge zu leisten. — Art. 9. Bei vorkommender Erkrankung, Verletzung oder Verunglückung ist dem Aufseher sofort Mitteilung zu machen. Außerdem ist der von dem Arzte ausgefüllte Krankenschein auf dem Sekretariate des Tiefbauamts vorzuzeigen. — Genehmigt in der Sitzung der Stadtverordnetenversammlung 2c.

Großh. Bürgermeisterei.
(gez.) Gassner.

Anlage IV.
Armenverwaltung der Stadt Colmar.

Verzeichnis
der
den vom Armenamte mit Steinklopfen beschäftigten Arbeitslosen zu zahlenden Beträge für die Zeit vom . . ten . . . . . . 190 . bis einschließlich den . . ten . . . . . . 190 .

I. Abteilung.

Arbeitslose, welche die Arbeit erst erlernen müssen. Lehrzeit sechs Tage. Mindestleistung 0,10—0,15 cbm täglich.

Laufende Nummer.	Namen der Arbeiter	Arbeitstage	Lohnsatz pro Tag.			Geleistetes Quantum cbm	Verdienter Lohn	Unterschrift als Quittung
			a. für junge Leute unter 18 Jahr 0,80 M.	b. für ledige Arbeiter über 18 Jahr 1,00 M.	c. für Familienväter 1,20 M.			
			ℳ | ₰	ℳ | ₰	ℳ | ₰		ℳ | ₰	

Die Einrichtung von Notstandsarbeiten und ihre Erfolge.   33

II. Abteilung.

Arbeitslose, welche bereits Steine geklopft haben bezw. solche, welche aus der ersten in die zweite Abteilung eintreten müssen.

Mindestleistung 0,25 cbm. täglich.

Mehrleistung wird mit 2,40 M. pro cbm extra bezahlt.

Laufende Nummer.	Namen der Arbeiter	Arbeitstage.	Lohnsatz pro Tag für ledige Arbeiter 1,— M. für Familienväter 1,20 M. ℳ | ₰	Verdienter Lohn ℳ | ₰	Geforderte Mindestleistung cbm	Wirklich geleistete Arbeit cbm	Überarbeit cbm	Lohn für Überarbeit ℳ | ₰	Dem Arbeiter zu zahlender Betrag ℳ | ₰	Unterschrift als Quittung

III. Abteilung.

Arbeitsgruppe vollwertiger Arbeiter. Mindestleistung 0,35 cbm. täglich.

Mehrleistung wird mit 2,40 M. pro cbm extra bezahlt.

Laufende Nummer.	Namen der Arbeiter	Arbeitstage.	Lohnsatz pro Tag für ledige Arbeiter 1,15 M. für Familienväter 1,30 M. ℳ | ₰	Verdienter Lohn ℳ | ₰	Geforderte Mindestleistung cbm	Wirklich geleistete Arbeit cbm	Überarbeit cbm	Lohn für Überarbeit ℳ | ₰	Dem Arbeiter zu zahlender Betrag ℳ | ₰	Unterschrift als Quittung

IV. Abteilung.
Arbeitsgruppe minderwertiger Arbeiter,
(ältere Leute, schwächlichere Gewerbetreibende).
Mindestleistung 0,20 cbm täglich.

Laufende Nummer	Namen der Arbeiter.	Arbeitstage	Lohnsatz pro Tag: für ledige Arbeiter 1,10 M. für Familienväter 1,30 M.		Verdienter Lohn		Geforderte Mindestleistung	Wirklich geleistete Arbeit	Dem Arbeiter zu zahlender Betrag		Unterschrift als Quittung.
			ℳ	₰	ℳ	₰	cbm	cbm	ℳ	₰	

V. Abteilung.
Taglöhner.

Laufende Nummer	Namen der Arbeiter	Arbeitstage	Lohnsatz pro Tag: für ledige Arbeiter 1,10 M. für Familienväter 1,30 M.		Dem Arbeiter zu zahlender Betrag		Unterschrift als Quittung
			ℳ	₰	ℳ	ℳ	

Bericht

von

Dr. Schwander, Generalsekretär der Armenverwaltung
der Stadt Straßburg[1].

Die wirtschaftliche Depression, die unsere Volkswirtschaft seit Jahresfrist durchzumachen hat, hat wieder einmal das Problem der Arbeitslosenfürsorge in den Mittelpunkt der sozialpolitischen Erörterungen gestellt. Die rückläufige Konjunktur in unserer nationalen Produktion hatte die soziale Wirkung, vielen Arbeitern den Abschluß eines Arbeitsvertrages unmöglich zu machen, weil es an Arbeitsgelegenheit fehlte. Sie wurden unverschuldet arbeitslos. Nun ist aber in unserer heutigen Wirtschaftsordnung für den besitzlosen Arbeiter Arbeitslosigkeit gleichbedeutend mit Brotlosigkeit, denn der Abschluß des Arbeitsvertrages ist für ihn das einzige Mittel, seinen Unterhalt durch eigene wirtschaftliche Tätigkeit zu erwerben. Besteht Arbeitslosigkeit in größerem Umfange, ist sie allgemein verbreitet und von längerer Dauer, so muß sie also zu einem wirklichen Notstande führen, zunächst für die Arbeitslosen und deren Familien, dann auch für die gesamte Gesellschaft und den Staat.

Die Zurückdrängung der Arbeitslosigkeit und, soweit dieses Ziel nicht erreicht zu werden vermag, die beste Hilfe für die Arbeitslosen erscheint deshalb heute als eine der wichtigsten Fragen der Sozialpolitik. Für die Armenpflege besteht nicht nur das Recht, sondern auch die Pflicht, an der Lösung dieser Frage mitzuwirken, denn einerseits hat sie nach dem deutschen

---

[1] Literatur: Adler, Über die Aufgabe des Staates angesichts der Arbeitslosigkeit, Tübingen 1894; Förster, Die Arbeitslosigkeit und die moderne Wirtschaftsentwicklung, Berlin 1898; Berndt, Die Arbeitslosigkeit, ihre Bekämpfung und Statistik, Halle 1899; Hirschberg, Die Maßnahmen gegenüber der Arbeitslosigkeit, Berlin 1894; ferner: Congrès international d'assistance publique et de bienfaisance privée, Paris 1900, Tome VI: quatrième section: Congrès des oeuvres d'assistance par le travail. Tome II: Du caractère des oeuvres d'assistance par le travail. — Ne sont elles pas par essence des oeuvres d'initiative privée? Lecoq, L'assistance par le travail en France, Paris 1900.

Armenrecht mit ihren Mitteln einzutreten, wenn sich die Folge der Arbeitslosigkeit, die Armut, einstellt, andererseits ist, wie nachzuweisen sein wird, keine Armutsursache in ihren Konsequenzen so sehr Anlaß zur Vermehrung des Pauperismus, wie gerade die Arbeitslosigkeit.

Wenn es sich nun bei der vorliegenden Arbeit keineswegs um das ganze große Problem der Arbeitslosigkeit, sondern nur um die eine Form der öffentlichen Hilfe bei Arbeitslosigkeit, die Notstandsarbeiten, handelt, so muß doch der Übersichtlichkeit und auch des inneren Zusammenhanges wegen zunächst in eine kurze Erörterung der Ursachen der Arbeitslosigkeit und der bisher zu ihrer Bekämpfung versuchten Mittel eingetreten werden.

Hier muß unterschieden werden zwischen **Arbeitslosigkeit infolge der Ungunst der wirtschaftlichen Konjunktur** und **Arbeitslosigkeit, die mit den eigenartigen Verhältnissen gewisser Gewerbe (Saisonarbeiten) zusammenhängt.**

Die erstgenannte Form der Arbeitslosigkeit ist eine untrennbare Begleiterscheinung unserer heutigen Wirtschaftsordnung. Nicht als ob es unter den früheren Wirtschaftssystemen keine mit der Ungunst der wirtschaftlichen Verhältnisse zusammenhängende Arbeitslosigkeit gegeben hätte. Sie bestand schon, bevor das Kapital ein neues Wirtschaftssystem, den modernen Industrialismus, hervorgerufen hatte. Mit der Erscheinung der Neuzeit ist sie aber nicht zu vergleichen. — Im Mittelalter hatte man es der Hauptsache nach mit einer Ackerbaubevölkerung zu tun. Arbeitslosigkeit in unserem Sinne gab es nicht, weil genügend Land da war, um die ganze Bevölkerung im Ackerbau zu beschäftigen. Reichte der Boden nicht mehr aus, so fand Auswanderung und Kolonisation statt. Mit dem Anwachsen der Städte aber, dem Gewerbewesens, mit der Entwicklung des Tauschverkehrs, der Geldwirtschaft und der Konzentration des Handels in einigen Städten tritt schon hin und wieder Furcht vor Arbeitslosigkeit infolge Überproduktion auf. Die Zunftorganisation suchte der Arbeitslosigkeit nach Kräften entgegenzuwirken durch eine Regelung zwischen Konsumtion und Produktion. Die Produktionsinteressen ihrer Glieder vertrat die Zunft dadurch, daß sie Vorkehrungen traf, welche eine über das erforderliche Maß hinausgehende Produktion hintanhielten und für die Waren aller Produzenten regelmäßigen Absatz sicherten. Diese Regelung der Produktion war damals möglich, weil es sich um kleinere Wirtschaftsgebiete handelte, in der Hauptsache nur auf Bestellung gearbeitet wurde, und im übrigen die Abschätzung des Warenbedarfs sehr leicht war und durch fremde Zufuhren nicht gestört wurde. Einen eigentlichen Arbeiterstand gab es nicht. Die Stellung des Lehrlings und Gesellen war nur Durchgangsstufe. Jeder wurde in der Regel selber Meister. Erst als die Zünfte verknöcherten (1520 bis Ende des 18. Jahrhunderts) und die Zunftorganisation dazu benutzt wurde, dem Handwerkerstande eine privilegierte Stellung zu geben, konnte man von größerer Arbeitslosigkeit sprechen. Die zünftigen Handwerker verhinderten den Eintritt neuer Handwerker. Einem großen Teil der wachsenden Bevölkerung wurde es so unmöglich gemacht, durch Arbeit das Leben zu erhalten. Er vermehrte die schon an und für sich große Zahl der Bettler und Landstreicher, gegen welche die Regierungen immer wieder strenge polizeiliche Maßregeln ergreifen mußten. Zur Beschäftigung der arbeitsfähigen Bettler wurden hin und wieder Arbeiten eröffnet. **Diese Erscheinungen waren aber nicht die naturnotwendige Begleiterscheinung des Arbeitssystems, sondern nur die Folgen der vollständigen Umkehrung des ganzen Sinnes dieses Arbeitssystems.** Auch sind dieselben in ihrer Bedeutung für das Volksleben nicht mit der Arbeitslosigkeit von heute zu vergleichen, die gewöhnlich einen unendlich größeren Teil des Volkes erfaßt, der zudem heute an eine weit höhere Lebenshaltung gewöhnt ist und die Folgen der Arbeitslosigkeit deshalb weit bitterer fühlt. Diese Arbeitslosigkeit hat uns erst das moderne industrielle kapitalistische System gebracht mit seiner freien Konkurrenz, seinen Großbetrieben, seiner enormen Produktion, seiner weitverzweigten Arbeitsteilung und seinen riesigen Arbeitermassen, die dauernd Lohnarbeiter sein müssen. Charakteristisch in diesem System ist, daß nicht mehr für die Bedürfnisbefriedigung eines genau bekannten Marktes, sondern ausschließlich im Gewinninteresse produziert wird. Nachdem sich die Stadtwirtschaft zur Volks= und Weltwirtschaft entwickelt hat, ist die Schätzung des Bedarfs nach seiner Ware für den einzelnen Produzenten äußerst schwierig geworden. Eine solche Schätzung ist um so schwieriger, als sich viele Zwischenglieder zwischen Produzent und Konsument gelegt haben und Tausende von Betrieben den Bedarf an Waren unabhängig von einander zu decken suchen. So kommt das Moment der Ungleichheit in den Produktionsprozeß. Es kann insbesondere nicht mehr übersehen werden, wie das Kapital angelegt wird. Einzelne Produktionszweige werden mit Kapital überschüttet; es scheint, als könnte man immer weiter absetzen. Kapitalsummen bilden sich so zu Produkten, welchen plötzlich kein Absatz mehr gegenübersteht, und die Krisis ist da. Millionen Kapitalien gehen zu Grunde, und, was schlimmer ist, Massen von Arbeitern werden arbeitslos und in ihrer Lebenshaltung hinuntergedrückt. An die akute Krisis lehnt sich dann regelmäßig eine chronische Geschäftsstockung an. Erst nach dem ausgleichenden Einfluß mehrerer Jahre tritt wieder eine Gesundung des Wirtschaftslebens ein, aus der sich wieder, wie die Wirtschaftsgeschichte lehrt, Hochkonjunktur und Krisis entwickeln kann. Und das eben ist das Unerträgliche der mit der Ungunst der wirtschaftlichen Verhältnisse zusammenhängenden modernen Arbeitslosigkeit, daß die Arbeiterbevölkerung gerade dann in die äußerste materielle und psychische Not geworfen wird, wenn sie sich infolge der hohen Löhne während der Hausse im Wirtschaftsleben an eine höhere Lebenshaltung gewöhnt hat.

Die wirtschaftliche Konjunktur kann natürlich auch noch durch andere Ursachen als die eben genannte Hauptursache ungünstig gestaltet werden. Jeder Grund, der in irgend einem Produktionszweige das Gleichgewicht zwischen Produktion und Absatz stört, kann in dem betreffenden Produktionszweige zu einer Absatzkrisis führen. Zunächst in dem betreffenden Produktionszweige selbst, und da in der heutigen Volkswirtschaft alle Betriebe mit einander in Verbindung stehen, schließlich zu einer allgemeinen Krisis. Dieser Gründe nun gibt es eine Menge (Erschütterung der Geld=, Kredit= und Ver=

kehrsverhältnisse). Hier jedoch läßt sich ein Ausgleich viel rascher herbeiführen. Die langandauernden Verkehrsstockungen sind ausschließlich auf die oben genannten Gründe zurückzuführen.

Die zweite Form der Arbeitslosigkeit, nämlich diejenige, welche sich aus der besonderen Beschaffenheit des Gewerbes ergibt, trifft die sogenannten Saisonarbeiter. Sie tritt regelmäßig zu bestimmten Zeiten des Jahres auf und wird in ihrer Dauer zum Teil durch ganz außerhalb der wirtschaftlichen Verhältnisse liegende Umstände beeinflußt. So z. B. hängt eine dauernde Arbeitslosigkeit im Baugewerbe in der Regel sehr von der Witterung im Winter ab. Diese regelmäßig wiederkehrende und vorauszusehende Arbeitslosigkeit kann also gewissermaßen als das mit den in Betracht kommenden Gewerben verbundene Risiko angesehen werden. Man hat hier im allgemeinen keine überflüssigen Arbeitskräfte, aber die Arbeit ist eben derart, daß sie auf gewisse Jahreszeiten beschränkt bleibt. Es müßte hier der Verlust an Arbeitszeit, der Jahr für Jahr sicher wiederkehrt, in dem Lohne, der in der Zeit der Arbeit verdient wird, mitbezahlt werden. Tatsächlich sind die Löhne der Bauhandwerker im Gegensatz zu den Löhnen anderer Arbeiter so bemessen, daß daraus offenkundig die Absicht hervorgeht, die Zurücklegung eines Sparpfennigs zum Unterhalt während der Zeit der Verdienstlosigkeit zu ermöglichen. In der Regel werden Ersparnisse aber nicht zurückgelegt. Die Leute machen in den Zeiten der Verdienstlosigkeit Schulden, die sie dann später abbezahlen.

Neben diesem Stabe von besser bezahlten Bauhandwerkern gibt es aber noch das große Heer von ungelernten Arbeitern, die bei den Saisonarbeiten beschäftigt und von der Arbeitslosigkeit mitbetroffen werden. Es ist dies die Klasse der Tagelöhner, Handlanger u. s. w., deren Löhne kaum zur Bestreitung des unentbehrlichen Lebensunterhalts ausreichen, geschweige denn zur Zurücklegung von Ersparnissen für die Zeit der Arbeitslosigkeit. Mit Aufhören der Arbeit sind diese Leute verdienstlos, wenn sie nicht anderweitig unterkommen. Da dies bei der Lage des Arbeitsmarktes kaum möglich ist, so befinden sie sich jeden Winter im tiefsten Elend.

Diese Form der Arbeitslosigkeit hat auch erst mit der Entwicklung des modernen Arbeitssystems die gefahrdrohende Ausdehnung angenommen, welche sie heute in unsern Großstädten zweifellos hat. Man mag einwenden, daß es auch in früheren Zeiten Bauarbeiter gegeben hat, die bei anhaltendem Frost feiern mußten. Das stimmt zweifellos, aber diese waren doch verhältnismäßig weit weniger zahlreich als heute. Es war deshalb auch nicht so schwierig, für diese kleinere Zahl von Leuten in der Zeit der Arbeitslosigkeit andere Arbeiten zu beschaffen. Die Handwerksmeister und Arbeiter in den kleinen Städten waren zudem meistens nebenbei noch Zwergbauern und konnten sich so leichter über Zeiten der Arbeitslosigkeit hinweghelfen. Infolge der Konzentration von Kapital, Industrie und Handel an einigen wenigen Verkehrszentren entstanden aber die großen Städte, zu deren Erbauung und Unterhaltung Tausende von Bauarbeitern herangezogen wurden. Tritt dann infolge einer wirtschaftlichen Stockung oder aber infolge des regelmäßigen periodischen Stillstandes des Baugewerbes Einstellung der Bautätigkeit ein, so wird eine große Zahl Bauhandwerker und Arbeiter arbeitslos, ohne daß sich wie früher bei der kleineren Zahl der Bauhandwerker mit Leichtigkeit anderweitige Beschäftigung finden ließe.

Wie bereits erwähnt, bedeutet die Arbeitslosigkeit, welcher Art sie auch sein möge, für die Arbeiter — selbst für die Mehrzahl der gut bezahlten Saisonarbeiter — Brotlosigkeit. Es bleibt ihnen nur die Armenpflege übrig. Auch diese Tatsache ist eine specifische Folge des modernen industriellen Arbeitssystems[1]. In früheren Jahrhunderten war die Arbeitsverfassung dagegen so, daß auch in Zeiten von Arbeitslosigkeit nicht gleich Not an den Mann kam. Der Hörige hatte seinem Grundherrn gegenüber nicht nur Pflichten, sondern auch ganz bedeutende Rechte, so das Recht auf Versorgung und Unterhalt in Zeiten der Mißernten und in Zeiten der Beschäftigungslosigkeit. Und die Zunftorganisation hatte für alle ihre Angehörigen auch für die Zeit der Geschäftsstille Einrichtungen getroffen, welche ihnen den Unterhalt sicher stellten. Der zünftige Handwerksgeselle wurde in Zeiten vorübergehender Arbeitslosigkeit nicht entlassen, und der Wandernde fand an jedem Ort Einrichtungen, die ihm den Unterhalt ermöglichten ohne Inanspruchnahme der Armenpflege. An Stelle der Rechtsformen, unter welchen früher gearbeitet wurde, hat das moderne industrielle System den rechtlich freien Arbeitsvertrag gesetzt, für den die Auffassung der Arbeitskraft als eine von der Person losgelöste Ware, die man für eine bestimmte Zeit kauft, charakteristisch ist. Der Arbeitsvertrag ist also ein Kaufvertrag dieser besonderen Ware Arbeit. Aus dieser Auffassung heraus trifft den, welcher diese Ware kauft, keinerlei Unterhaltspflicht gegenüber der Person, welche diese Ware verkauft. Er bezahlt nur den Marktpreis der Ware. In dieser Auffassung wurzelt auch überall das Streben nach kurzfristigen Arbeitsverträgen, die es gestatten, die Ware Arbeitskraft nur so lange zu bezahlen, wie man ihrer zum Produktionsprozeß bedarf. Sobald man ihrer nicht mehr bedarf, wird der Arbeitsvertrag aufgelöst, und wenn es dem Arbeiter nicht gelingt, einen neuen Arbeitsvertrag abzuschließen, gerät er sofort in eine schlimme Lage. Und in dieser Unsicherheit der Existenz haben wir eines der wichtigsten Momente zu erblicken, welche die Unzufriedenheit der Arbeiter mit ihrer Stellung in der Gesellschaft veranlaßt haben und fortdauern lassen.

Diesen Folgen der Arbeitslosigkeit gegenüber ist es eine selbstverständliche Frage: wie kann dies soziale Übel beseitigt, wie können seine Wirkungen abgeschwächt werden? Aus dieser Frage ergibt sich schon, daß die Maßregeln sich in zwei Richtungen zu bewegen haben: teils sollen sie vorbeugend wirken, teils die Fürsorge für die einmal arbeitslos Gewordenen anstreben.

---

[1] Vgl. die vorzügliche Abhandlung von Dr. Flesch, Das Problem der Arbeitslosigkeit in seinen verschiedenen Entwicklungsstufen, Soz. Praxis XI Nr. 22.

Wenn man bei der Arbeitslosigkeit Präventivmittel erörtert, so ist die erste Frage die: **gibt es eine Möglichkeit, dieses soziale Übel an der Wurzel zu fassen und auszurotten?** Aus den vorhergehenden Ausführungen ist ersichtlich, daß die Arbeitslosigkeit ihre Ursache hat zum Teil in der planlosen Produktion des modern-industriellen Arbeitssystems mit seiner ungezügelten Konkurrenz, zum Teil in der besonderen Beschaffenheit einzelner Gewerbe. Sind aber dies die Ursachen der Arbeitslosigkeit, so glauben wir tatsächlich in einzelnen Erscheinungen unseres Wirtschaftslebens Anfänge einer neuen Wirtschaftsordnung zu erkennen, welche die Voraussetzungen zur Beseitigung der Arbeitslosigkeit in sich tragen: wir denken an die Kartelle und ihre Gegenstücke, die gewerkschaftlichen Organisationen und Konsumgenossenschaften. Wenn die Unternehmerkartelle heute auch noch in der Hauptsache Kampfmittel in der Hand der Unternehmer gegenüber dem Konsumenten zur Erzielung höherer Gewinne sind und sich auch in manchen Fällen gegen den Arbeiter als solchen richten, so sind sie doch Einrichtungen, die zur Lösung großer volkswirtschaftlicher und sozialer Fragen berufen sind. Sie sowohl wie die Centralisation der industriellen Betriebe sind eine wirtschaftliche Notwendigkeit und werden sich trotz aller Anfeindungen und Bekämpfungen fortentwickeln. In den Kartellen stellen sich sämtliche Betriebe eines Produktionszweiges gemeinsam ihrem Gesamtkonsum gegenüber. Deshalb kann das planlose Konkurrenzsystem der großindustriellen Arbeit durch die Weiterentwicklung der Kartelle wohl in ein System planvoller Anpassung von Angebot und Nachfrage, welches eine Hauptursache der Arbeitslosigkeit beseitigen würde, hinübergeführt werden, besonders, wenn die nationalen Kartelle sich zu internationalen auswachsen.

Auch die Konsumgenossenschaftsbewegung, welche durch Regelung des Einkaufs einen Überblick des Bedarfs ermöglicht, ist von der größten Bedeutung für eine planvolle Ausgestaltung von Angebot und Nachfrage, zumal, wenn durch die Konsumgenossenschaftsbetriebe auch eine Regelung der Produktion in Angriff genommen wird, wie dies die Verhandlungen der achten Generalversammlung der Großeinkaufsgesellschaft deutscher Konsumvereine in Braunschweig erwarten lassen. In diesen Erscheinungen haben wir es aber nur mit Tendenzen innerhalb unserer wirtschaftlichen Entwicklung zu tun, die wohl auf eine Beseitigung der Arbeitslosigkeit in einer späteren Wirtschaftsordnung hoffen lassen, innerhalb der nächsten Jahrzehnte jedoch nur eine Abschwächung derselben herbeiführen werden.

Auf dem Boden der heutigen Wirtschaftsordnung gibt es Mittel, welche die Arbeitslosigkeit an der Wurzel zu fassen vermöchten, nicht. Es ist aber die Durchführung von Maßregeln und Einrichtungen möglich, welche die Arbeitslosigkeit wenigstens auf das Maß zurückführen, welches sich aus dem Verhältnis zwischen dem vorhandenen Quantum Arbeit und Arbeitskraft innerhalb der Volkswirtschaft notwendigerweise ergibt.

In erster Linie ist hier der Arbeitsnachweis zu nennen. Der Mangel eines solchen oder seine unzulängliche Einrichtung kann bewirken, daß vorhandene Arbeitsgelegenheit den Arbeitslosen unbekannt bleibt. Diese Erkenntnis hat auch in Arbeiterkreisen zur Forderung der Einrichtung von Arbeitsnachweisen geführt. Die Arbeitsvermittlung wurde als eine kommunale Aufgabe anerkannt, und an vielen Orten sind in den letzten Jahrzehnten städtische Arbeitsnachweise errichtet. Auch Verbände mit dem Zweck des Austausches von Arbeitskräften sind ins Leben getreten. Die Arbeitsnachweise leisten schon heute die wesentlichsten Dienste, obwohl sie nur einen beschränkten Teil der offenen Stellen besetzen und keineswegs den Arbeitsmarkt beherrschen. Erst dann werden sie ihren Zweck ganz erfüllen, wenn sie, immer weiter ausgebaut, es möglich machen, die Privatvermittlung (Umschau, Privatnachweis) ganz zu verdrängen und ausschließlich die offenen Stellen besetzen. Dies höchste Ziel wird aber der behördliche Arbeitsnachweis nur erreichen, wenn gesetzliche Maßnahmen dafür sorgen, daß er bei der Stellenvermittlung in Anspruch genommen werden muß. Aber selbst wenn er zur vollen Beherrschung des Arbeitsmarktes gelangt sein wird, kann er in der Bekämpfung der Arbeitslosigkeit nur wenig leisten. Über seine enggezogenen Schranken kann er eben nicht hinaus: **er kann vorhandene Arbeit vermitteln, aber keine neue schaffen.**

Ein anderes Mittel, das präventiv wirken kann, ist **planvolle Verteilung des vorhandenen Arbeitsquantums.** In den Betrieben, in denen eine zeitweilige Depression herrscht, sollte man eher die Arbeitszeit einschränken, als zu dem verhängnisvollen Mittel der Arbeiterentlassungen greifen. Es ist mit Genugtuung zu konstatieren, daß auch die privaten Unternehmer während der diesmaligen Depression sich ihrer Aufgabe bewußt und gewachsen gezeigt und statt Arbeiterentlassungen Arbeitseinschränkung angewandt haben. Allerdings wird man solche Uneigennützigkeit und solches Verständnis nicht überall antreffen; hier liegt also auch ein Moment, das für immer weitere Ausdehnung der Regiearbeiten im Kommunalbetriebe spricht, weil von den Behörden weit eher auf eine gleichmäßige Arbeitseinteilung gerechnet werden kann.

Dann müßte auch dahin gewirkt werden, daß eine **planvolle Verteilung der Arbeiten auf die verschiedenen Jahreszeiten** eintrete. Von einer Einwirkung auf die Privatunternehmung in diesem Sinne ist heute kaum großer Erfolg zu erwarten. Um so mehr ist zu verlangen, daß die öffentlichen Verwaltungen eine solche im Interesse der Arbeiterbevölkerung und der Allgemeinheit liegende Gewerbepolitik treiben. Der Stillstand des Baugewerbes im Winter ist eine Ursache regelmäßig wiederkehrender Arbeitslosigkeit für sehr viele Arbeiter in den Städten. Es befindet sich aber unter den Arbeiten, welche die öffentlichen Gemeinwirtschaften im ordentlichen Gange ihrer Verwaltung auszuführen haben, eine Reihe solcher, welche ebensowohl im Winter wie im Sommer ausführbar sind, wo sie häufig nur durch Heranziehung aller verfügbaren Kräfte und mit Überstunden durchführbar sind. **Wenn alle diese Arbeiten in die arbeitsstille Zeit verlegt werden, so ist mit Sicherheit ein starker Rückgang in der Zahl der Arbeitslosen** zu erwarten, die infolge der Eigenart ihres Gewerbes regelmäßig im Winter arbeitslos werden. Allerdings darf diese gewerbepolitische Maßregel, welche Verhütung der Arbeitslosigkeit bezweckt, nicht überschätzt werden. Zunächst verfügen die genannten Gemeinwirtschaften innerhalb der Volkswirtschaft einstweilen noch über ein relativ kleines Quantum Arbeit, um auf den Arbeitsmarkt durch ihre Politik starken Einfluß üben zu können. Sodann muß zugegeben werden, daß ein sehr großer Teil der Arbeiten, über welche die Verwaltungen verfügen, ihrer Beschaffenheit nach zur Ausführung im Winter ungeeignet und bei Frostwetter unmöglich sind. Schließlich kommt noch das Bedenken hinzu, ob nicht durch Verlegung zu vieler Arbeiten in den Winter die periodisch auftretende Arbeitslosigkeit der in Betracht kommenden Arbeiter sich zu einer chronischen auswachsen würde.

Die zweite Kategorie der Maßregeln gegen die Arbeitslosigkeit besteht aus solchen, welche, wie wir gesehen haben, die Fürsorge für die tatsächlich arbeitslos Gewordenen bezwecken. Ihr Ziel ist nicht die Bekämpfung der Arbeitslosigkeit selber, sondern ihrer Folgen.

Innerhalb dieser Gruppe von Maßnahmen sind wieder drei Richtungen zu unterscheiden: das System der Armenpflege und Wohltätigkeit, die Selbsthilfe und endlich die neuerdings vielfach geforderte Beschaffung neuer Arbeiten mit dem ausgesprochenen Zweck der Beschäftigung der Arbeitslosen.

Im Rahmen der heute gegebenen Einrichtungen zur Sicherung der Existenz der Arbeiterbevölkerung ist die große Masse der Arbeiter für den Fall der Arbeitslosigkeit auf die Armenpflege und Wohltätigkeit angewiesen.

Die öffentliche Armenpflege hat die Pflicht, den Arbeitslosen vor Hunger zu schützen. Man steht heute allgemein nicht mehr auf dem Standpunkte, welchen zu Beginn des vorigen Jahrhunderts weite Kreise der Verwaltungen einnahmen und welcher in dem Satz des Malthus seinen prägnantesten Ausdruck gefunden hat: ein Mensch, dessen Arbeitskräfte nicht verwertet werden können, hat nicht das Recht zu leben. In unseren Kulturstaaten ist es vielmehr als Pflicht der Gesellschaft anerkannt, alle ihre Mitglieder zu ernähren, und diese Nährpflicht besteht auch gegenüber den Arbeitslosen, wenn auch im allgemeinen daran festgehalten wird, daß ein arbeitsfähiger Mann imstande sein werde, den notdürftigen Unterhalt für sich und seine Familie zu erwerben. Die soziale Einrichtung, welche heute die Unterhaltspflicht gegenüber dem Arbeitslosen erfüllt, ist die Armenpflege. In den Ländern mit obligatorischer Armenpflege ist den Armen durch die Armengesetze ein gewisses Recht auf Unterhalt zugesprochen, und wie gesagt, dieses Recht auf Unterstützung besteht auch für den mittellosen Arbeitslosen. In der Fürsorge für den Arbeitslosen durch die Armenpflege kommt aber der malthusianische Gedanke, welcher dem Armen jedes Recht auf Unterstützung abgesprochen haben will, auch heute noch zum Ausdruck, zum Teil in der Unterstützungsform, zum Teil in der mit der Unterstützung verbundenen politischen Entrechtung. Bekanntlich verlangte Malthus überhaupt Abschaffung der Armenpflege. Da er aber einsah, daß das nicht wohl möglich sei, sollte die Inanspruchnahme der Armenpflege möglichst erschwert werden, insbesondere für die Arbeitsfähigen. Die englische Armengesetzgebung von 1834, auf deren Gestaltung der Gedanke des Malthus von grundlegender Bedeutung gewesen ist, wollte die Hausarmenpflege ganz aus dem System der Armenunterstützung ausscheiden und nur noch eine abschreckende Form von Anstaltsarmenpflege zulassen: die Unterstützung im Werkhause. Diese Bestimmungen sind allgemein nicht so streng gehandhabt worden und heute sind sie schon längst durch andere ersetzt — aber bezüglich der Arbeitsfähigen gelten sie auch heute noch. Der arbeitsfähige Arme soll grundsätzlich ins Werkhaus aufgenommen und daselbst zur Arbeit angehalten werden. Im Gesetze ist gegenüber dem Arbeitsfähigen, welcher die Hilfe der Armenpflege anspricht, indirekt der Verdacht ausgesprochen, daß bei ihm Arbeitsscheu vorliege. Die harte Unterstützungsform soll abschreckend wirken und den Arbeitsscheuen von der Armenpflege abhalten. Es ist ja tatsächlich für die Stelle, die dem Arbeitslosen die Hilfe der Armenpflege zuzuweisen hat, sehr schwierig, festzustellen, ob im Augenblick der Inanspruchnahme der Armenfürsorge Arbeitslosigkeit oder nur Arbeitsscheu vorliegt. In Deutschland hat man vielfach den Grundsatz aufgestellt, das Gesuch eines Arbeitsfähigen erst dann zu berücksichtigen, wenn er durch einen Bemühungsschein des Arbeitsnachweises sich darüber ausweist, daß er Arbeit nachgesucht hat, ihm solche aber nicht nachgewiesen werden konnte. Solange jedoch unsere behördlichen Arbeitsnachweise nicht eine den Arbeitsmarkt beherrschende Stellung einnehmen, sind diese Bemühungsscheine für die Armenpflege von geringem Wert. Sie sind jedenfalls kein Beweis dafür, daß der Gesuchsteller Arbeit nicht finden konnte; sie sagen weiter nichts, als daß ihm der Arbeitsnachweis Arbeit nicht zuzuweisen vermochte. **Das beste Mittel, die arbeitsscheuen Elemente von der Armenpflege fern zu halten, bleibt deshalb immer noch das englische System der Verpflichtung zur Arbeit.** Das Angebot von Arbeit bildet gewissermaßen die pierre de touche, den Prüfstein, dafür, ob der Gesuchsteller wirklich ein arbeitswilliger Arbeitsloser oder aber ein Arbeitsscheuer ist. Deshalb haben auch viele deutsche Armenverwaltungen Einrichtungen zur Beschäftigung für diejenigen getroffen, die ihre Hilfe wegen Arbeitslosigkeit in Anspruch nehmen. Wenn wir uns auch keineswegs für die unbedingte Einweisung der Arbeitsfähigen in Arbeitsanstalten aussprechen können, weil die volle Durchführung des der Einweisung zu Grunde liegenden Gedankens vielen Armen gegenüber zu unnötiger Härte Anlaß geben müßte, so sind wir doch der Überzeugung, daß in der Praxis auf die Dauer keine Armenpflege ohne Arbeitseinrichtungen zum Zwecke der Beschäftigung der arbeitslosen Armen auszukommen vermag, wenn sie mißbräuchlicher Inanspruchnahme vorbeugen will.

Einen der Armenpflege verwandten Zweck verfolgen die in der Hauptsache von der Privatwohltätigkeit gegründeten und unterhaltenen **Naturalverpflegungsstationen**, die durchreisende Arbeitslose teils gegen, teils ohne Arbeitsleistung unterstützen, und die **Arbeiterkolonien**, die Arbeitslose für längere Zeit aufnehmen und die Aufgenommenen ihren Unterhalt zum Teil verdienen lassen. In den Arbeiterkolonien suchen unbescholtene

Arbeiter aber nur in seltenen Fällen um Aufnahme nach, der größere Teil der Arbeiterkolonisten sind entlassene Sträflinge, in Deutschland 76 %. Aus diesem Grunde können die Kolonien bei einer Erörterung der Arbeitslosenfrage kaum in Betracht kommen.

In England und Amerika hat namentlich die Salvation Army die Frage der Arbeitslosigkeit und der Mittel zu ihrer Abwehr zum Gegenstand eingehender Untersuchungen gemacht und in einer großen Zahl von Asylen, Arbeitsvermittelungsstellen, Arbeits- und landwirtschaftlichen Kolonien und Werkstätten der Arbeitslosigkeit entgegenzuwirken versucht. In England allein haben durch sie seit der Zeit ihres Bestehens mehr als 100 000 Arbeiter Beschäftigung gefunden.

In Frankreich hat sich die Wohltätigkeit im letzten Jahrzehnt mit besonderem Eifer die Beschaffung von Arbeit an Stelle von Unterstützung zur Aufgabe gemacht. Man will den alten armenpflegerischen Grundsatz zur Tat werden lassen: „dem Arbeitsfähigen keine Unterstützung ohne Arbeit", ein Grundsatz, welcher in Frankreich schon durch Gérando, dessen Einfluß auf dem Gebiete des Armenwesens heute noch in Frankreich überall nachwirkt, eifrig verfochten worden ist. Diese „assistance par le travail" hat auf dem gelegentlich der letzten Weltausstellung in Paris abgehaltenen internationalen Armenpflegekongreß im Mittelpunkt der Besprechungen gestanden. Von der Veranstaltung großer öffentlicher Arbeiten, welche die öffentliche Behörde schafft, will man nichts wissen. Hingegen hat die Privatwohltätigkeit, welche die assistance par le travail als ihre ausschließliche Domäne ansieht, auf der der Staat nichts Ersprießliches zu leisten vermag, in vielen Städten Anstalten zur Unterstützung durch Arbeit gegründet. Diese Anstalten nehmen nur eine beschränkte Zahl Arbeitsloser auf. Die Arbeitslosen werden nach ihren Fähigkeiten gruppiert, damit jedem die Arbeit überwiesen werden kann, die für ihn paßt; einige Anstalten streben sogar danach, jedem die Arbeit zuweisen zu können, die er gelernt hat. Die Arbeit ist teils Heimarbeit (Schneiderei, Schuhmacherei und schriftliche Arbeit), teils Anstaltsarbeit, die vielfach mit Internat verbunden ist. Einige dieser Anstalten nehmen sich mit bestem Erfolge arbeitsloser Frauen an. — In Frankreich bringt man der assistance par le travail großes Interesse entgegen; man behauptet, sehr gute Resultate damit erzielt zu haben. Es liegt uns fern, die Nützlichkeit dieser Einrichtung zu bezweifeln; wir sind sogar überzeugt, daß die assistance par le travail materielle und moralische Hilfe, auf welch' letztere die Anstalten das größte Gewicht legen, in reichem Maße hat zu Teil werden lassen. Es muß aber gesagt werden, daß wir in dieser assistance par le travail ebensowenig ein wirksames Mittel zur Bekämpfung der Arbeitslosigkeit anzuerkennen vermögen wie in unseren Arbeiterkolonien. Alle diese Einrichtungen werden zugestandenermaßen nur zum geringsten Teil von unverschuldet Arbeitslosen aufgesucht, meistenteils von schiffbrüchigen Existenzen. Wir sehen in ihnen nützliche Einrichtungen zur Unterstützung und moralischen Aufrichtung gebrochener Existenzen; als Mittel zur Abwehr der Arbeitslosigkeit haben sie für die Arbeiterklasse als solche keinerlei Bedeutung.

Die Einrichtung von Notstandsarbeiten.

Einen ganz anderen Charakter tragen die Einrichtungen, welche **die Arbeiter selbst geschaffen haben**, um sich vor den Folgen der Arbeitslosigkeit und vor dem Anheimfallen an die politisch entrechtende Armenpflege zu bewahren.

Die **gewerkschaftlichen Organisationen**, die sich namentlich in England kräftig entwickelt haben, haben für ihre Mitglieder die Fürsorge während Zeiten unverschuldeter Arbeitslosigkeit übernommen. Auch in Deutschland sind schon gute Anfänge zu einer Arbeitslosenunterstützung gemacht. Die Hirsch=Dunckerschen Gewerkvereine haben eine solche für ihre Mitglieder allgemein eingeführt. Bei den Gewerkschaften ist die Arbeitslosenfürsorge noch nicht allgemein organisiert. Aber selbst wenn sämtliche gewerkschaftliche Organisationen in Bezug auf Arbeitslosenunterstützung den höchsten Anforderungen entsprechen würden, so würden ihrer diesbezüglichen Tätigkeit doch sehr enge Schranken gezogen sein. Einerseits ist, wie die englische Gewerkschaftsgeschichte zeigt, auch die Gewerkschaft mit der bestgefüllten Kasse außer stande, bei langanhaltender schwerer Arbeitslosigkeit ihre Mitglieder auf die Dauer vor äußerster Not zu bewahren. Man denke nur an die englische Wirtschaftskrisis des Jahres 1886, während welcher der Gewerkverein der Maschinenbauer für Arbeitslosenunterstützung nahezu $1^{1}/_{2}$ Million M. zu zahlen hatte und dadurch fast zum finanziellen Zusammenbruch gebracht wurde. Auch die Statistik der Generalkommission der Gewerkschaften läßt erkennen, welche schweren Opfer eine langanhaltende schlechte Geschäftskonjunktur die Arbeitslosenfürsorge den Gewerkschaften, d. h. den Arbeitern, auferlegt. Es geht aus diesen Ziffern hervor, daß die Arbeitslosenunterstützung von 501 078 M. im Jahre 1900 auf 1 238 197 M. im Jahre 1901 gestiegen ist. Andrerseits ist zu erwägen, daß nur ein ganz kleiner Bruchteil der Arbeiter gewerkschaftlich organisiert ist. Im Deutschen Reich sind nach der Zählung von 1900 organisiert 995 431 Arbeitnehmer. Nach der Berufszählung vom 17. Juni 1895 gibt es 13 725 825 Arbeitnehmer, davon sind 5 619 794 ländliche Arbeiter. Von den gewerblichen Arbeitnehmern sind also noch keine 13 % organisiert. Und darüber muß man sich auch klar sein, daß die große Masse der Arbeiter voraussichtlich noch auf Jahrzehnte hinaus unorganisiert bleiben wird; lassen sich doch alle Arbeiter umfassende Organisationen nicht ohne weiteres schaffen. Daß der Staat, nachdem er die Organisation des Handwerks durchgeführt hat, nun auch an die Organisation der Arbeit herantreten werde, daran ist wohl für die nächste Zukunft nicht zu denken. Aber selbst wenn sämtliche Arbeitnehmer gewerkschaftlich organisiert sein würden, würden die ungelernten Arbeiter aus **eigner Kraft** kaum in der Lage sein, die gerade für sie, als der Arbeitslosigkeit am meisten ausgesetzt, hohen Rücklagen zur Durchführung der Arbeitslosenunterstützung zu leisten. Man muß sich deshalb hüten, in der Aktion der Gewerkschaften auf dem Gebiet der Arbeitslosenfürsorge das Mittel zu sehen, welches den Arbeitslosen vor den Folgen der Arbeitslosigkeit allgemein zu schützen vermag. Die Gewerkschaften sind weit **mehr berufen, präventiv gegen die Arbeitslosigkeit zu wirken, indem der aus der Gewerkschaftsbewegung hervorgehenden Zentralisation der Arbeit die Möglichkeit geboten** ist, auf die Verbesserung der Arbeitsbedingungen, insbesondere auf die Weiterbildung des Arbeitsvertrages im Sinne langfristiger Arbeitsverträge und besserer Löhne hinzuwirken, die an sich geeignet sind, den Arbeiter vor den Folgen der Arbeitslosigkeit teilweise sicher zu stellen.

Die Gewerkschaften, welche früher vielfach geglaubt haben, stark genug zu sein, ihre Mitglieder in Zeiten von Arbeitslosigkeit aus eigner Kraft über Wasser zu halten, sind sehr von diesem Glauben zurückgekommen. Der Rückgang in der wirtschaftlichen Konjunktur und die in größerem Umfange eingetretene Arbeitslosigkeit hat sie darüber belehrt, daß ihre Organisation und die Selbsthilfe in Zeiten allgemeinen geschäftlichen Rückganges eine hoch gestiegene Zahl Arbeitsloser auf eine längere Dauer vor Not zu bewahren nicht vermag. Während früher vielfach mit Stolz auf die Arbeitslosenfürsorge der gewerkschaftlichen Organisation als Schutzmittel gegen die Folgen der Arbeitslosigkeit hingewiesen und betont worden ist, daß die Arbeitslosenfürsorge bei der gewerkschaftlichen Selbsthilfe bleiben müsse, verlangt heute die Arbeiterschaft fast durchweg Übernahme der Arbeitslosenfürsorge auf breitere und leistungsfähigere Schultern. Von größter Bedeutung ist die Haltung des im Juni d. J. in Stuttgart abgehaltenen Kongresses der Gewerkschaften Deutschlands, welcher auf den Antrag von Elms beinahe einstimmig sich dahin ausgesprochen hat, daß es eine Pflicht von Reich, Staat und Gemeinde sei, Arbeitern Unterstützung zu gewähren bei Arbeitslosigkeit, welche weder durch Streiks noch eignes grobes Verschulden hervorgerufen ist.

Und als Mittel hierzu wird die Arbeitslosenversicherung, allerdings auf Grundlage der Selbstverwaltung durch die Arbeiter, bezeichnet. Unter den verschiedenen Maßnahmen zur Linderung der Arbeitslosigkeit ist die Arbeitslosenversicherung diejenige, welche in letzter Zeit die öffentliche Meinung am meisten beschäftigt hat. Zur Begründung einer Arbeitslosenversicherung sind die verschiedensten Vorschläge gemacht worden. Am bekanntesten sind die Projekte von Prof. Adler in Basel, welcher den ersten Anstoß dazu gegeben hat, eine Arbeitslosenversicherung auf kommunaler und obligatorischer Grundlage ins Auge zu fassen, ein Vorschlag, den die süddeutsche Volkspartei in ihr Programm übernommen hat; von Prof. Schanz in Würzburg, welcher den individuellen Sparzwang durchgeführt wünscht, wonach durch gewisse Wochenbeiträge der Arbeiter und Arbeitgeber und Zuschüsse der Gemeinden für jeden Arbeiter Spargelder angesammelt werden sollen, vermittelst welcher der Arbeiter im Falle von Arbeitslosigkeit sich dann „selbst unterstützt"; von Dr. K. Buschmann, der auf der Grundlage der Arbeitgeberberufsgenossenschaften und der Arbeiterberufsvereine eine Versicherung gegen Arbeitslosigkeit aufgebaut wissen will. Es ist hier nicht die Stelle, die versicherungstechnischen Grundlagen der verschiedenen Vorschläge zur Begründung einer Arbeitslosenversicherung zu untersuchen. Wir stehen aber nicht an, zu erklären, daß wir das Adlersche Projekt versicherungstechnisch für durchführbar halten. Die geschaffenen Versicherungen gegen die Folgen der Arbeitslosigkeit haben sich allerdings nicht bewährt, doch kann der geringe Erfolg dieser Versicherungen nicht gegen die Idee der Arbeitslosenversicherung an sich ins Feld geführt werden. Der Zusammenbruch der St. Gallener Versicherungskasse wird von Prof. Adler mit Recht auf fundamentale Fehler im versicherungstechnischen Aufbau der Kasse zurückgeführt, und bei den kommunalen Arbeitslosenversicherungskassen zu Bern und Cöln werden im allgemeinen nur Arbeiter Mitglieder, bei denen mit regelmäßig wiederkehrender Arbeitslosigkeit zu rechnen ist. Sie sind nur lebensfähig, wenn die Gemeinde oder die Privatwohltätigkeit ihnen größere Mittel zuweist, welche es ihnen ermöglichen, Arbeitslosenunterstützungen zu gewähren, die versicherungstechnisch in keinem Verhältnis zu den Leistungen der Versicherten stehen. Da die Gemeinden nun nicht geneigt sind, Zuschüsse in dem Maße zu bewilligen, daß sämtliche Arbeitslose der Stadt auch bei längerer Arbeitslosigkeit ausreichend unterstützt werden könnten, so sah man sich schon frühzeitig genötigt, die Versicherungskasse zu „schließen", d. h. die Zahl der Versicherten zu bestimmen. Nur wenn ein Versicherter austritt, kann ein bisher draußen stehender Arbeiter Mitglied werden. Es handelt sich im Grunde genommen um eine andere Form der Wohltätigkeit, welche allerdings dem der Kasse Angehörigen ein juristisches Recht auf Unterstützung gibt und ihn vor den politischen Folgen der Armenunterstützung bewahrt. **Schon deshalb und auch wegen der Selbsthilfe, welche im Bezahlen der Beiträge liegt, mögen dieselben im Verhältnis zur Leistung der Kasse auch noch so gering sein, sollten die Gemeindeverwaltungen der Gründung solcher Kassen mehr Interesse als bisher entgegenbringen.** Die finanzielle Belastung, die ihnen durch diese höhere Form der Arbeitslosenfürsorge erwachsen würde, würde durch eine entsprechende Entlastung bei der bisherigen Form der Armenpflege zum Teil ausgeglichen. Es muß gesagt werden, daß bisher in der deutschen Städteverwaltung dieser Einrichtung wenig Teilnahme entgegengebracht worden ist, — vielleicht gerade deshalb, weil man weiß, daß die Versicherungskasse auf fakultativer Grundlage nur von denjenigen Arbeiterkreisen benutzt wird, welche infolge der Eigenart ihres Gewerbes regelmäßig arbeitslos werden, daß die Kasse nur zu einem minimalen Teile durch eigene Kraft ihrer Mitglieder erhalten wird und sie — die Gemeindeverwaltungen — deshalb in der Kasse nur eine versteckte Armenpflege sehen, während sie das erzieherische Moment der „Selbsthilfe", das trotz alledem auch in diesen fakultativen Versicherungskassen liegt, nur gering einschätzen. Man darf erwarten, daß das Problem der allgemein obligatorischen Versicherung gegen Arbeitslosigkeit durch den Antrag Rösicke und Dr. Pachnicke auf Einsetzung einer Kommission zur Prüfung der Frage weiter seiner Lösung entgegengeführt wird. Es dürfte einstweilen schon seitens der größeren deutschen Städteverwaltungen geprüft werden, ob es nicht sozialpolitisch richtig ist, soweit möglich die unverschuldet Arbeitslosen durch Schaffung kommunaler Versicherungsanstalten von der Hilfe der Armenpflege frei zu machen.

Heute müssen wir, wenn wir die getroffenen und versuchten Maßnahmen der Selbsthilfe — und auch die Versicherungen rechnen wir zur Selbsthilfe — überblicken, gestehen, daß dieselben für die Masse der Arbeitslosen als Mittel zur Abwehr der Folgen der Arbeitslosigkeit versagt haben, so segensreich sie auch für kleine Kreise der Arbeiterschaft gewirkt haben mögen. Die große Masse der Arbeitslosen ist zur Fristung ihres Lebens auch heute noch auf die Armenpflege angewiesen.

Und da drängt sich doch die Frage auf: gibt es denn — so lange eine allgemeine obligatorische Versicherung gegen Arbeitslosigkeit nicht durchgeführt ist — keinen Weg, auf dem es möglich ist, den arbeitslosen Arbeiter in rationeller Weise vor äußerster Not zu bewahren, ohne Inanspruchnahme der Armenpflege? Es ist dies eine Frage, die insbesondere letzten Winter eifrig erörtert worden ist in den Versammlungen der Arbeitslosen, seitens gewerkschaftlicher Organisationen, in Gemeindevertretungen, in den Landtagen sowohl wie im Reichstage. Und als Ergebnis dieser Erörterungen begegnet man überall der Forderung nach Veranstaltung von Notstandsarbeiten.

Was versteht man nun unter Notstandsarbeiten? —

Unter Notstandsarbeiten verstehen wir die von öffentlichen Gemeinwirtschaften (Gemeinde, Bezirk, Provinz, Staat) veranlaßten außergewöhnlichen Arbeiten mit dem ausgesprochenen Zwecke der Beschäftigung Arbeitsloser in Zeiten von Arbeitslosigkeit. Sobald die Arbeitslosigkeit — sowohl diejenige infolge wirtschaftlichen Niedergangs, als die mit der besonderen Beschaffenheit gewisser Gewerbe zusammenhängende — einen größeren Umfang annimmt, entsteht durch die folgende Verdienst- und Brotlosigkeit ein Notstand, dem nach den Forderungen der Sozialpolitiker und der Arbeiterschaft nicht mehr durch die Armenpflege, sondern durch Veranstaltung von Arbeiten, welche die arbeitslosen Leute in Verdienst setzen, die Notstandsarbeiten, abgeholfen werden soll. Notstände infolge größerer Arbeitslosigkeit haben schon häufig zur Veranstaltung von Notstandsarbeiten geführt. In der Geschichte der Sozialpolitik finden wir die Notstandsarbeiten stets wieder als letztes Mittel, zu dem man zur Linderung der Arbeitslosigkeit griff, sobald die Arbeitslosigkeit einen größeren Umfang angenommen hatte. So finden wir in Frankreich schon unter Ludwig XIV. und XV. Ansätze zu solchen Arbeiten, wenn bei den vorwiegend landwirtschaftlichen Verhältnissen infolge von Mißernten in der arbeitslosen Winterzeit der den Boden bauende Landbewohner vor Hunger geschützt werden mußte. Eigentliche Notstandsarbeiten in unserem Sinne aber wurden in der neueren Zeit zum ersten Male eingerichtet durch den Generalintendanten Turgot für die Generalität Limoges, als Mißwuchs und wirtschaftlicher Niedergang in den Jahren 1770 und 1771 eine völlige Stockung der Arbeit herbeigeführt hatten. Um es den Arbeitsfähigen während dieser Zeit zu ermöglichen, ihren Unterhalt durch Arbeit zu erwerben, wurden umfangreiche Wegearbeiten und andere öffentliche Arbeiten unternommen. Diese Arbeiten waren so organisiert, daß die verschiedenen Grade der Leistungsfähigkeit der Arbeiter berücksichtigt werden konnten durch Zuweisung leichterer und schwererer Arbeiten. Turgot hatte es auch allen Privatleuten, welche Arbeiten zu vergeben hatten, zur Pflicht gemacht, Arbeitslose zu beschäftigen. Zuerst also sollten diejenigen, denen in günstigen Zeiten der Ertrag der Arbeit zu teil wurde, auch in arbeitslosen Zeiten die Fürsorge für die Arbeitslosen übernehmen.

Die Einrichtung von Notstandsarbeiten.

In den Verhandlungen der Nationalversammlung der großen französischen Revolution, welche bei ihrem Ausbruche das ganze Geschäftsleben lahm gelegt und das Land mit Arbeitslosen angefüllt hatte, sodaß die National=versammlung gezwungen war, an Mittel und Wege zur Versorgung derselben zu denken, wurde auf diese Turgotschen Veranstaltungen hingewiesen und betont, daß damit sehr schöne Erfolge erzielt worden seien. So wurde denn beschlossen, zur Beschäftigung der Arbeitslosen öffentliche Arbeiten in Paris in Angriff zu nehmen, und zwar für Männer und Frauen. Die Männer sollten mit Erdarbeiten, die Frauen mit Spinnen beschäftigt werden. Zu diesen Arbeiten sollte jeder arbeitslose Staatsangehörige zugelassen werden. Für die einzelnen Departements wurde je eine Summe von 3000 l aus=geworfen, um sie in Stand zu setzen, gleichfalls eine Fürsorge für Arbeits=lose durch Errichtung von Werkstätten und Vornahme von öffentlichen Arbeiten organisieren zu können. Später wurde für die Arbeiten in den Departements ein weiterer Betrag von 15 Millionen l ausgeworfen. Die öffentlichen Arbeiten in den Departements sollten in Urbarmachung von wüsten Ländereien, Trockenlegung von Sümpfen, Bau von Kanälen und Straßen bestehen. Welche Erfolge die Notstandsarbeiten in den Departements gehabt haben, kann nicht festgestellt werden. Eine Mitteilung über die Verwendung der Geldmittel konnte die Nationalversammlung von den ge=wählten, mit den Amtsgeschäften noch wenig vertrauten Departements=behörden nicht erlangen.

In der Hauptstadt waren zwar öffentliche Arbeiten in den sog. ateliers de charité von der Munizipalverwaltung auf Kosten des Staates in großem Maßstabe organisiert worden. Doch schon nach kurzer Zeit ihres Bestehens wurden sie in der Nationalversammlung ob des mit dieser Einrichtung ge=triebenen Mißbrauchs heftig angegriffen. Unterschiedslos wurde jeder zu den Arbeiten zugelassen, ob er zu deren Verrichtung qualifiziert war oder nicht. Für genügende Aufsicht war nicht gesorgt. Die Zahl der in den ateliers angenommenen und auf Kosten des Staates unterhaltenen Arbeiter, deren jeder 20 sous pro Tag erhielt, war rasch auf mehr als 30 000 gestiegen. Die Unterhaltung dieser Werkstätten verschlang ungeheure Summen, denn sie erforderten allmonatlich eine Ausgabe von 1 Million livres. Planmäßig aus=gewählte nützliche Arbeiten zur Beschäftigung der Arbeitslosen hatte man aber nicht. Die große Mehrzahl der Arbeiter ließ sich überhaupt in den Werkstätten nur sehen, um ihren Wochenlohn in Empfang zu nehmen. Bald schon faßte deshalb die Nationalversammlung den Beschluß, die öffentlichen Werkstätten aufzulösen, beschloß aber vorsichtigerweise, mit der Entlassung der Arbeiter allmählich vorzugehen, sie auch nach der Entlassung weitere 14 Tage zu bezahlen und für die völlige Schließung günstige Verhältnisse auf dem Arbeitsmarkt abzuwarten. Ein solch' günstiger Moment schien ihr ge=kommen, als Mitte des Jahres 1791 die allgemeine Geschäftslage im Lande anfing, etwas besser zu werden und der Beginn der Erntearbeiten für viele Hände Beschäftigung bot. So verfügte sie die Einstellung der Arbeit in den ateliers auf den 1. Juli 1791. Die Arbeiten zur Beschäftigung der arbeitslosen Frauen hingegen wurden fortgeführt, da dieselben sich durch den Ertrag ihrer Arbeit nahezu selbst erhielten.

Trotz der Lehren, welche der Verlauf der zur Beschäftigung der Arbeits=
losen unter der großen Revolution veranstalteten öffentlichen Arbeiten gegeben
hatte, war man während der Revolution von 1848 in dieser Hinsicht nicht
vorsichtiger.

Die Bestrebungen der Arbeiter in der Revolution des Jahres 1848
waren zielbewußt auf die Sicherstellung ihrer Existenz gerichtet. Eine ihrer
Hauptforderungen war bekanntlich das „Recht auf Arbeit", d. h. der
Staat sollte dem einzelnen Individuum die Verwertung
seiner Arbeitskraft garantieren. Die provisorische Regierung war
auf diese Forderung eingegangen und hatte durch eine Erklärung die
Republik verpflichtet, allen Bürgern Arbeit zu verschaffen. Der Ausbruch
der Revolution hatte Tausenden von Arbeitern die Arbeit genommen, die
jetzt die Straßen füllten und jederzeit bereit waren, die Regierung über den
Haufen zu werfen, wenn sie ihre Forderungen nicht bewilligte. Um sich
selbst zu erhalten und durch das gegebene Versprechen gezwungen, mußte
die Regierung nun Einrichtungen zur Beschäftigung der arbeitslosen Massen
treffen. Für die Einführung einer durchdachten Organisation des „Rechts
auf Arbeit", wie sie dem Mitgliede der Regierung Louis Blanc vorgeschwebt,
war bei der ungeheuren Aufregung, welche sich der Volksmassen bemächtigt
hatte, keine Zeit. Es kam der Regierung alles darauf an, diese Massen,
welche der Einführung einigermaßen geordneter Zustände durch ihr stetes
Eingreifen und die unsinnigsten Forderungen die größten Schwierigkeiten
bereiteten, von der Straße zu bringen. Man griff deshalb zu dem Notbehelf
der sogen. Nationalwerkstätten, der berüchtigten ateliers nationaux,
in welchen sich in kurzer Zeit 10000 Arbeiter einfanden und welche bei
ihrer plötzlichen Aufhebung im Juni, wobei die assemblée nationale,
weniger klug als die Versammlung der großen Revolution, alle Vorsichts=
maßregeln außer acht ließ, zu dem blutigen Kampfe zwischen Bourgeoisie
und dem vierten Stande in den Straßen von Paris, der sogen. Junischlacht,
führten. Diese ateliers nationaux von 1848, die im Grunde genommen
weiter nichts waren, als eine Wiederholung der schon während der großen
Revolution organisierten staatlichen Werkstätten, sind trotz ihres Mißlingens
einer der umfassendsten Versuche, die in neuerer Zeit gemacht sind, um seitens
des Staates der Arbeitslosigkeit durch Gewährung von Arbeit entgegenzu=
wirken. Ihr Organisator Emile Thomas schildert selbst die ungeheuren
Schwierigkeiten, mit denen dies Unternehmen seit Beginn seines Bestehens
zu kämpfen hatte, Schwierigkeiten, die den Keim des Mißlingens von vorn=
herein in sich trugen. Zugelassen wurde jeder gegen Vorzeigung eines von
seinem Hauswirt ausgestellten und vom Polizeikommissariat abgestempelten
Scheines, der nichts weiter als seine Adresse angab. Diese Leichtigkeit der
Zulassung hatte zur nächsten Folge, daß die vorhandenen Arbeitsstellen sehr
bald bis auf den letzten Platz besetzt waren. Damit waren aber nur
6000 Arbeitslose untergebracht. Die übrigen, deren Zahl von Tag zu Tag
enorm wuchs, zogen unzufrieden von einem Arbeitsplatz und von einem
Mairiebureau zum anderen. Um sich ihrer zu erwehren, zahlte man ihnen
1,50 fr. täglich, wenn sie durch eine Bescheinigung nachweisen konnten, daß
die Nationalwerkstätten keine Arbeit für sie hatten. Man richtete Erdarbeiten

ein, für die ein Tagesverdienst von 2 frs. festgesetzt wurde, ohne irgend welche Rücksicht auf die Arbeitsleistung. Trotzdem waren die Geschäftsstellen der Mairien ständig von lärmenden Arbeitermassen umdrängt, welche niemand in Ordnung halten konnte. In dieser Notlage wurde Emile Thomas vom Arbeitsminister Marie beauftragt, eine Art militärischer Organisation der Arbeitslosen, deren Zahl jetzt schon auf 13—14 000 angegeben wird, durchzuführen. Jetzt wurden die Arbeiter in Kompanien, Leutnantschaften, Brigaden, Schwadronen eingeteilt; aber die Leute, die an der Spitze standen, waren von den Arbeitern selbst gewählt. Auch diese Organisation erwies sich als zwecklos, weil die Regierungsingenieure für die Massen keine Arbeiten finden konnten oder wollten. Ebensowenig vermochte ein sehr komplizierter Verwaltungsapparat, der ein ganzes Heer von Beamten beanspruchte, die Sache der Nationalwerkstätten zu fördern. Später eingerichtete Handwerksstätten für einzelne Handwerke erwiesen sich ebenso erfolglos wie die Versuche Thomas', durch Wiederbelebung der Bautätigkeit, besonders den Bau von Arbeiterwohnungen, in Paris eine Zahl der Arbeitslosen zu beschäftigen oder den Tagelohn durch Stücklohn zu ersetzen. Der tägliche Kostenaufwand von 22 000 frs. war kaum mehr als Lohn für Müßiggänger; obendrein machten sich die beaufsichtigenden Beamten grober Unterschlagungen schuldig. Da beschloß die Nationalversammlung, diese Werkstätten, die den Staatsschatz aufsogen und das Volk demoralisierten, aufzuheben. Die Folgen, welche die rücksichtslose Durchführung dieses Beschlusses hatte, sind bekannt.

Die mit den Nationalwerkstätten gemachten Erfahrungen, sowie ihr völliger Mißerfolg haben die Stimmung für das von der Arbeiterschaft geforderte „Recht auf Arbeit" sehr abgekühlt, obgleich es, wie bereits hervorgehoben, sich bei dieser Institution gar nicht um die Verwirklichung dieses Rechts gehandelt hat. **Es waren ihrem ganzen Charakter nach Arbeiten zur Beschäftigung arbeitsfähiger und arbeitswilliger Arbeitsloser zu einer Zeit, als die Arbeitslosigkeit einen größeren Umfang angenommen hatte, also Notstandsarbeiten in unserem Sinne.** Aber auch gegen die Veranstaltung solcher Notstandsarbeiten werden die Erfahrungen, die mit den Nationalwerkstätten gemacht worden sind, ins Feld geführt.

Unter den historischen Beispielen für Notstandsarbeiten soll nur noch kurz der Verlauf der Notstandsarbeiten erwähnt werden, die gelegentlich der Baumwollenkrisis in den Jahren 1861—1864 in dem Baumwollenfabrikationsdistrikt Lancashire veranstaltet worden sind.

Während des Krieges zwischen den nordamerikanischen Nord- und Südstaaten wurde alle Baumwollenausfuhr durch eine strenge Blockade der beteiligten amerikanischen Hafenplätze aufgehoben. Die unmittelbare Folge dieses Verbotes war, daß die sehr lebhafte Baumwollenindustrie in Lancashire wegen des fehlenden Rohmaterials bald gänzlich darniederlag und die Zahl der arbeitslos gewordenen Baumwollenindustriearbeiter ins ungeheure wuchs. In einzelnen Distrikten betrug ihre Zahl 25,1 % der Gesamtbevölkerung. Ein von der Regierung entsandter Specialkommissar, H. B. Farnall, gründete überall in den von den Folgen der Arbeitslosigkeit bedrohten Distrikten Hilfskomitees, denen bald große Geldsummen aus dem

Vereinigten Königreich, aus Indien, den Kolonien und Amerika zuflossen. Konnte mit Hilfe derselben auch den schlimmsten Wirkungen der Arbeitslosigkeit vorgebeugt werden, so blieb diese selber unverändert und unvermindert bestehen. Farnall war es, der zur Bekämpfung der Arbeitslosigkeit den Vorschlag machte, „für die arbeitsfähigen Männer, die jetzt unterstützt wurden, — etwa 25 000 — nützliche Arbeit zu finden und die unbeschäftigten Hände mit Lohnarbeit zu versorgen". Dieser Vorschlag wurde durchgeführt. Die erforderlichen Mittel — 1½ Millionen Pfund — wurden Lancashire vom Staate vorgeschossen.

Die in Angriff genommenen Arbeiten bestanden in der Anlage von Abzugskanälen und Wasserreservoirs, in Straßenbau, in der Anlage von Parks und Erholungsplätzen und Rieselfeldern, in der Urbarmachung von Ödland und ähnlichen Arbeiten. 49 Arbeitsplätze wurden geschaffen. Unterstützung ohne Arbeitsleistung erhielten jetzt nur noch die schwächlichen Arbeiter, die zur Verrichtung der Arbeiten nicht geeignet waren; alle **passenden Arbeiter** hingegen wurden eingestellt.

Der großen Mehrzahl dieser Industriearbeiter waren die Erd- und Straßenarbeiten ungewohnt. Zu Beginn der Arbeiten hatte man deshalb trotz der körperlichen Arbeitsfähigkeit keine allzu guten Erfolge; erst nachdem die Arbeiter sich an die Arbeiten gewöhnt hatten, nahmen diese einen regelmäßigen und günstigen Verlauf. Wie in den Berichten über diese Notstandsarbeiten übereinstimmend ausgeführt wird, haben sie den Arbeitslosen gut über die Zeit der Arbeitslosigkeit hinweggeholfen und die Provinz Lancashire um bedeutende wirtschaftliche Werte bereichert.

Die in England mit diesen im großen durchgeführten Notstandsarbeiten gemachten günstigen Erfahrungen haben die Notstandsarbeiten zu einer Einrichtung gemacht, welcher Verwaltung und öffentliche Meinung ziemlich freundlich gegenüberstehen und auf die man in Zeiten großer Arbeitslosigkeit immer wieder zurückgreift. So hat, als mit dem Jahre 1892 eine Periode wirtschaftlichen Niedergangs einsetzte und infolge dessen größere Arbeitslosigkeit eintrat, das Local Government Board an alle Lokalbehörden ein Rundschreiben gerichtet, welches ihnen empfahl, Notstandsarbeiten in die Wege zu leiten; und die parlamentarische Kommission, welche zur Prüfung der verschiedenen Maßregeln zur Abwehr der Arbeitslosigkeit eingesetzt ist, hebt in ihrem Blaubuch „Report on Agencies and Methods for Dealing with the Unemployed" die Notstandsarbeiten als besonders wirksam hervor.

Ganz anders stellt sich Frankreich zu den Notstandsarbeiten. Dort wirkt der Mißerfolg der Nationalwerkstätten immer noch nach. Die Abneigung, die seit 1848 in den maßgebenden Kreisen gegen die Gewährung von Arbeit durch die öffentliche Verwaltung tief eingewurzelt ist, hat Jahrzehnte hindurch die Veranstaltung von Notstandsarbeiten in Zeiten von Arbeitslosigkeit nicht aufkommen lassen. Auch die imperialistische Arbeiterpolitik des dritten Kaiserreichs hat diese Maßregel ausgeschaltet, hingegen durch Vergebung von großen Unternehmungen an Private der Arbeitslosigkeit vorzubeugen gesucht. Erst in neuester Zeit

Die Einrichtung von Notstandsarbeiten.

läßt sich in sozialpolitisch stärker interessierten Kreisen ein Umschwung in der Stellungnahme gegenüber den Notstandsarbeiten konstatieren. Im allgemeinen stoßen aber auch heute noch alle Forderungen, die auf Schaffung von Arbeit durch öffentliche Behörden hinzielen, auf prinzipiellen Widerstand. Insbesondere spricht man solchen Arbeiten die ökonomische Berechtigung ab. Die Gemeinden, wie jede andere öffentliche Gemeinwirtschaft, müssen im Interesse aller Steuerzahler ihre Arbeiten so billig wie möglich ausführen. Führen sie die für ihre Zwecke erforderlichen Arbeiten vermittelst Notstandsarbeiten durch, so kämen diese viel teurer zu stehen als bei Vergebung an einen Unternehmer. Gegenüber diesen finanzpolitischen Interessen können die für die Veranstaltung von Notstandsarbeiten sprechenden Gründe nur in wenigen Gemeinden aufkommen. Die erste Pflicht der Gemeinde ist, ihre Arbeiten in wirksamster und sparsamster Weise durchzuführen, nicht aber die Arbeitslosen zu beschäftigen. Sind die Arbeitslosen mittellos, so muß sich ihrer eben die Armenpflege und Wohltätigkeit annehmen. Die ablehnende Haltung gegenüber den Notstandsarbeiten erklärt sich dann auch aus der Abneigung, die in Frankreich im allgemeinen gegenüber der Durchführung von Arbeiten und dem Betriebe wirtschaftlicher Unternehmungen durch öffentliche Behörden besteht.

In Deutschland hat, wie bereits erwähnt, der wirtschaftliche Niedergang, den wir durchmachen, dazu geführt, der Veranstaltung von Notstandsarbeiten größere Aufmerksamkeit zu schenken. In der Besprechung der Interpellation des Abgeordneten Albrecht und Genossen, Maßregeln gegen die Arbeitslosigkeit betreffend, wurde von fast allen Parteien eine Verpflichtung des Staates sowohl wie namentlich auch der Gemeinden anerkannt, für Arbeiter, die keine Armenunterstützung, sondern durch Arbeit Verdienst haben wollen, durch Arbeit zu sorgen, wenn erforderlich, durch Notstandsarbeiten. In derselben Sitzung des Reichstages vom 18. Januar 1902 sprach sich auch der Staatssekretär des Innern dahin aus, daß bei anormalen wirtschaftlichen Verhältnissen sowohl die Reichsbehörden innerhalb ihrer Ressorts, wie auch die Staatsbehörden und die Gemeinden die volle Verpflichtung haben, alles an Arbeitsgelegenheit zu beschaffen, was sich nach Maßgabe der vorhandenen Mittel beschaffen läßt, und daß an die Kommunen die Aufgabe herantreten könne, Arbeiten auszuführen, die sonst noch bis zu einem späteren Zeitpunkt verschoben würden, also Notstandsarbeiten vorzunehmen. Bei dieser Sachlage hat sich den Stadtverwaltungen die Beschäftigung mit dieser Frage aufgedrängt. An der tatsächlichen Durchführung von Notstandsarbeiten haben sie sich jedoch nur in recht spärlicher Weise beteiligt, und vielfach haben die Arbeiten nicht den Charakter der Notstandsarbeiten gehabt, obgleich sie als solche bezeichnet wurden. Sie hatten nicht den vorbeugenden Charakter, um den Eintritt der Armenpflege überflüssig zu machen, sondern waren armenpflegerische Einrichtungen im Sinne der französischen assistance par le travail. Es besteht also in Deutschland in bezug auf Notstandsarbeiten der Zustand, daß auf der einen Seite die öffentliche Meinung immer mehr dahin geht, daß es zu den Aufgaben der Gemeinde gehört, erforderlichenfalls Notstandsarbeiten zu veranlassen, während auf der andern Seite sich noch sehr viele städtische Gemeinwesen gegenüber der Veranstaltung solcher Arbeiten ablehnend oder doch zögernd verhalten.

In folgendem soll nun untersucht werden, ob und inwiefern die Forderung nach Notstandsarbeiten gerechtfertigt ist, welche soziale und politische Gründe für ihre Vornahme sprechen, welches ihre volkswirtschaftliche Bedeutung ist und in welchem Umfange Notstandsarbeiten als Hilfsaktion für die Arbeitslosen überhaupt möglich sind.

Wenn eine neue Bewegung innerhalb der Gesellschaft so allgemein die öffentliche Meinung auf sich lenkt, wie dies in bezug auf die Forderung nach Notstandsarbeiten der Fall gewesen ist, so liegt schon darin gewissermaßen die Anerkennung eines Bedürfnisses, das bisher unbefriedigt geblieben ist. So scheint es uns auch mit der Forderung von Arbeiten zur Beschäftigung der Arbeitslosen zu sein. **Die Folgen der Arbeitslosigkeit sind für den Arbeiter, insbesondere für den verheirateten, schrecklich.** Es braucht nicht näher geschildert zu werden, wie einem Manne zu Mute sein muß, der zum Unterhalt seiner Familie auf seiner Hände Arbeit angewiesen ist und auf einmal keine Arbeit mehr findet und nun hilflos dasteht. Zuerst versucht gerade der strebsame Arbeiter, sich durch Veräußerung seines Hausrats über Wasser zu halten, er macht Schulden, kommt in seiner Wirtschaft immer mehr zurück, bis endlich seine wirtschaftlichen Verhältnisse ganz zerfallen sind und er der Armenpflege anheimfällt. Mit der Inanspruchnahme der Armenpflege sind aber entehrende Folgen, der Verlust des Wahlrechts verbunden, weshalb es dem tüchtigen Arbeiter schwer fällt, sie für sich in Anspruch zu nehmen. Die Unterstützung der Armenpflege wirkt nicht nur politisch entrechtend, sie ist auch sehr geringfügig, sie gibt nur das zur notdürftigen Fristung des Lebens Erforderliche und manchmal auch das noch nicht einmal. **Hygienische Nachteile und als Folge dieser wieder vermehrte Armenausgaben stellen sich notwendigerweise ein.** Hinzu kommen noch die **moralischen Nachteile der Armenpflege**, die dem Arbeitslosen zu Teil wird. Durch längere Arbeitslosigkeit und Erhaltung durch Armenpflege ist die Gefahr der Gewöhnung an Müßiggang sehr groß und der Übergang zu Schlimmerem sehr nahe. Auch für die Finanzen der Armenverwaltung hat der Eintritt der Armenpflege ihre schlimmen Wirkungen. Jedem Armenpfleger ist bekannt, wie schwer es hält, denjenigen, welcher einmal der Armenpflege anheimgefallen ist, von weiterer Inanspruchnahme derselben abzuhalten. Haben in der Familie des Arbeitslosen Kinder die Unterstützung der Armenpflege mitgenossen, so sind auch sie später leicht versucht, beim ersten Anlaß die Armenpflege für sich in Anspruch zu nehmen. Sprechen alle diese Umstände schon dafür, daß für die Arbeitslosen eine bessere Hilfe als die Armenpflege geschaffen werden muß, so kommt noch ein **politisches** Moment hinzu, welches es nahe legt, daß der Weg der Armenunterstützung für die Arbeitslosen in unseren sozialen und politischen Verhältnissen der normale nicht sein kann. Im Gegensatz gegen frühere

Zeiten ist unser Staatswesen, unsere ganze Verwaltung auf der Mitwirkung der Volksgenossen aufgebaut. Unsere Verfassung geht davon aus, daß die große Masse der erwachsenen männlichen Personen bei der Bestellung der Gesetzgebung als Wähler mitzuwirken hat. Ausgeschlossen sind diejenigen, welche Armenunterstützung empfangen haben, indem man davon ausgeht, daß der Wähler durch den entehrenden Verlust dieses politischen Rechts, welcher mit der Armenunterstützung verbunden ist, veranlaßt werde, alle seine Kräfte anzuspannen, um durch eigene wirtschaftliche Tätigkeit das zur Bestreitung des Lebensunterhalts notwendige Einkommen zu erlangen, und daß ein der Armenpflege Anheimgefallener die zur Ausübung seines Wahlrechts erforderliche Unabhängigkeit nicht besitze. Es ist also der Idee nach eine Strafe für Unwirtschaftlichkeit, für etwas Selbstverschuldetes. Nun ist aber die Arbeitslosigkeit, die wir im Auge haben, für den Betroffenen ein unverschuldetes Unglück, an dem, mag man es noch so viel bestreiten, unsere Wirtschaftsordnung sicherlich die größte Schuld trägt. Ergibt sich schon aus der modernen Auffassung vom Staate, welche den Kreis der Staatsbürger möglichst weit gezogen haben will, für die Verwaltung die Aufgabe, immer weitere Kreise des Volkes aus der Armenpflege loszulösen, so besteht den Opfern der Arbeitslosigkeit gegenüber eine um so stärkere Pflicht zur Wahrung ihrer Eigenschaft als Staatsbürger, weil Mängel unserer Wirtschaftsordnung und unserer Arbeitsverfassung wesentlich die Schuld daran tragen, wenn öffentliche Fürsorge für sie eintreten muß.

Aus diesen Gründen stehen wir nicht an, die Berechtigung der Forderung einer besseren Form der Fürsorge für die Arbeitslosen, als sie die Armenpflege bietet, anzuerkennen. Welches ist aber diese bessere, soviel höher stehende Hilfe? — Die beste Form der Fürsorge für den Arbeitslosen ist zweifellos die Beschaffung von Arbeit. Aus dieser Erkenntnis heraus kommt auch der Ruf nach Veranstaltung von Notstandsarbeiten durch die Kommune. Daß bei den Bestrebungen zur Versorgung der Arbeitslosen durch Arbeit in erster Linie an die Gemeinde gedacht wird, ist bei den gemeinschaftlichen Lebensinteressen, die für die gesamte Gemeindebevölkerung durch das Zusammenwohnen gegeben sind, ganz richtig, umsomehr, als es Tatsache ist, daß die Arbeitslosigkeit in den größeren Städten ihren Sitz hat, wohin die Industrie die Arbeitskräfte vom platten Lande gezogen hat und man von diesem letzteren nicht auch noch verlangen kann, daß es zu den Kosten beitrage. Aber auch die größeren Kommunalverbände und der Staat haben auf diesem Gebiete mitzuwirken.

Nachdem eine Pflicht der Gemeinde zur Beschaffung von Arbeit für die Arbeitslosen anerkannt ist, muß man zunächst die weitere Frage beantworten: wie weit geht diese Aufgabe der Gemeinde? ist sie verpflichtet, allen Arbeitslosen ohne Ausnahme Arbeit zu beschaffen?

Zunächst müssen wir uns vergegenwärtigen, daß neben der periodisch auftretenden und der unvorhergesehenen Arbeitslosigkeit im Deutschen Reich wie in den übrigen Kulturstaaten eine dauernde Arbeitslosigkeit besteht.

Es ist ja durch die Statistik der Naturalverpflegungsstationen bekannt, daß Tausende von arbeitslosen Handwerksgehilfen die Landstraße bevölkern. Für Deutschland wurden durch Arbeitslosenzählung im Sommer 1895 bei normalen Verhältnissen im Wirtschaftsleben 1,89 % der nicht selbständig erwerbstätigen Bevölkerung als arbeitslos festgestellt. Das office du travail in Frankreich hat angegeben, daß täglich 11—12 % der Arbeiter feiern, darunter viele wegen Arbeitslosigkeit. Bezüglich dieser Arbeitslosigkeit wird vielfach behauptet, daß sie meistens ihre Ursache in der verminderten persönlichen Qualität des Arbeiters hat und häufig selbstverschuldet ist. Es sei dahingestellt, inwiefern die Verhältnisse, durch welche diese Leute hindurchmußten, mitgeholfen haben, sie zu dem zu machen, was sie geworden sind; **jedenfalls gehört es nicht zu den Aufgaben einer lokalen Verwaltung, diese reisenden Arbeitslosen mit Arbeit in der obigen Form zu versehen**, da die Gründe, welche zur Aufstellung der Beschäftigungspflicht führen, hier zum größten Teil wegfallen. Der Notlage dieser Leute kann nur dadurch abgeholfen werden, daß das Land mit einem Netz von Naturalverpflegungsstationen versehen und auch erziehlich, z. B. in Arbeiterkolonien, auf sie eingewirkt würde. Auch die Arbeitsnachweise vermögen hier segensreich zu wirken. **Das Gleiche gilt bezüglich derjenigen ansässigen „Arbeitslosen", von denen notorisch feststeht, daß sie auch in arbeitsreichen Zeiten nie regelmäßig arbeiten.** Diese „städtischen Bummler", die im Sommer nie arbeiten, im Winter aber immer als die ersten massenhaft zu den veranstalteten Notstandsarbeiten heranströmen, weil — wie ein Angehöriger dieser Menschenklasse sich an amtlicher Stelle äußerte — dort für den gezahlten Lohn wenig Arbeit verlangt wird. Auch diese dürfen nicht dem Hunger preisgegeben werden, aber sie sind von den Notstandsarbeiten auszuschließen und der Armenpflege zu überlassen, welcher sie ihre Auslagen durch wirkliche Arbeit unter strenger Disziplin zu ersetzen hätten.

Es bleiben nun noch diejenigen Arbeiter, welche infolge der Ungunst in der wirtschaftlichen Konjunktur oder aber infolge der eigenartigen Beschaffenheit ihres Gewerbes arbeitslos geworden sind. Das sind die unverschuldet Arbeitslosen in unserem Sinne. **Doch auch bezüglich dieser Arbeitslosen kann eine Verpflichtung zur Beschaffung von Arbeit nicht ohne Einschränkung zugegeben werden.** Wie eingangs ausgeführt worden ist, besteht ein Notstand dann, wenn die Arbeitslosigkeit für den Arbeiter Brotlosigkeit bedeutet. Daß die Arbeitslosigkeit für die Mehrzahl der Arbeiter Brotlosigkeit bedeutet, hängt eng mit unserem modernen industriellen Arbeitsvertrag zusammen, welcher die Arbeit als eine von der Person losgelöste Ware betrachtet, die der Arbeitgeber auf eine bestimmte Zeit zu einem festen Preise kauft, ohne daß ihn über diese Zeit hinaus eine Unterhaltspflicht gegenüber dem Arbeiter trifft. **Bei der Masse der Arbeiter ist nun der Preis, den sie für ihre Arbeit bekommen, gerade hinreichend zur Bestreitung des notwendigen Lebensunterhalts, nicht aber zur Rücklegung von Sparpfennigen. Mit Eintritt der arbeitslosen Zeit** stehen sie vor dem Nichts. Dies trifft auch für einen sehr großen, ja für den größten Teil der Saisonarbeiter, insbesondere für die im Baugewerbe tätigen Handlanger und Tagelöhner zu. Auf sie ist das sog. nationalökonomische Gesetz nicht anwendbar, daß der Lohn nicht unter das zur Fristung des Lebens Erforderliche sinken könne. Nach diesem Gesetz müßte in ihrem Lohn, den sie zur Zeit der Beschäftigung verdienen, ein Lohnbetrag enthalten sein, welcher ihnen den Unterhalt während der bestimmt eintretenden Arbeitslosigkeit sicher stellte. In Wirklichkeit ist dies aber bei den genannten ungelernten Arbeitern infolge der Konkurrenz auf dem Arbeitsmarkte nicht der Fall; sie sind auf die Armenpflege oder die Wohltätigkeit angewiesen, welche nun für sie durch eine höhere Form sozialer Fürsorge abgelöst werden soll. Für die Gewerkschaftsbewegung liegt hier noch ein weites Feld der Betätigung zur Erringung von Löhnen, welche den Lebensunterhalt dauernd ermöglichen. Ein Teil der Saison= arbeiter hingegen erhält das mit seinem Gewerbe verbun= dene Risiko tatsächlich in höherem Lohne entschädigt: die gelernten Bauhandwerker. Allerdings auch hier mit einzelnen Aus= nahmen. Diese Kategorie von Arbeitern muß mit der perio= dischen Arbeitslosigkeit rechnen und sich durch Rücklegung von Ersparnissen vor Not sichern. Sie sind während der naturgemäßen Unterbrechung ihrer Arbeit von den Not= standsarbeiten auszuschließen, es sei denn, daß anormale Familienverhältnisse ihnen die Rücklegung eines Notpfennigs nicht oder nicht in genügendem Maße erlaubt haben. Wenn diese Kategorie von Arbeitern sich nicht auf die Zeit der periodisch wieder= kehrenden Arbeitslosigkeit eingerichtet hat, so hat sie eben die Folgen davon zu tragen; auch sie sind dann der Armenpflege zu überlassen. Sie befinden sich in derselben Lage wie derjenige, welcher, obwohl er dazu in der Lage war, nicht für die Tage der Krankheit vorgesorgt hat. Auch dieser muß dann die Armenpflege in Anspruch nehmen, und es liegt gar kein Anlaß vor, den Arbeitslosen, von dem man Vorsorge verlangen kann, besser zu be= handeln. Zusammenfassend möchten wir die Aufgabe der Gemeinde so um= grenzen, daß wir sagen: die Gemeinde ist verpflichtet, durch Ver= anstaltung von Notstandsarbeiten allen Arbeitslosen Ar= beit zu beschaffen, die infolge der Ungunst der wirtschaft= lichen Konjunktur oder aber infolge der eigenartigen Be= schaffenheit des Gewerbes (Saisonarbeiten) arbeitslos ge= worden sind, und die nicht in der Lage waren, einerseits die Zeit der Arbeitslosigkeit sicher vorauszusehen, anderer= seits von ihrem Verdienste die für die arbeitslose Zeit nötigen Rücklagen zu machen. Wenn so der Personenkreis festgestellt ist, dem wir einen Anspruch auf die in der Gewährung von Arbeit liegende höhere Form der öffentlichen Fürsorge zuerkennen, so kommt die andere Frage: Ist die Gemeinde fähig, die ihr zugewiesene Aufgabe zu erfüllen? Aus der Betrachtung der Beschäftigungsweisen, welche zur Durchführung dieser Aufgabe erforderlich sein würden und der Arbeiten, welche die Gemeinden tatsächlich zu beschaffen vermögen, ergibt sich die Be=

antwortung dieser Frage von selbst. Die Notstandsarbeiten sind als eine vorübergehende Beschäftigung gedacht, welche die Möglichkeit gewähren soll, während eines durch Arbeitslosigkeit hervorgerufenen Notstandes sich durch seiner Hände Arbeit zu erhalten. Im Wesen dieser Beschäftigung liegt es also, daß der Arbeiter diese Arbeit verläßt, sobald er zu seinem früheren Berufe zurückkehren kann oder anderweitige lohnende Arbeit findet. Daraus ergibt sich, daß dem Arbeiter nur passende Arbeit zugewiesen werden darf, welche ihm seine spezielle Arbeitsgeschicklichkeit nicht nimmt und welche ihn nicht unfähig macht, jederzeit seine Berufsarbeit wieder aufzunehmen. Das Ideal von Notstandsarbeiten würde dann erreicht sein, wenn jeder Arbeiter in seinem eigenen oder einem verwandten Gewerbe beschäftigt werden könnte. Zur Erreichung eines solchen Zieles müßten alle möglichen Betriebe errichtet werden. Das ist aber bei unserer heutigen Volkswirtschaft, die wesentlich privatwirtschaftlich organisiert ist, unmöglich ohne allmähliche Verdrängung eben dieser Volkswirtschaft. In der heutigen Volkswirtschaft müßte zudem die öffentliche Produktion von Waren, bezüglich welcher die privatwirtschaftliche Überproduktion Anlaß zur Arbeitslosigkeit gegeben hatte, geradezu dahin wirken, aus der akuten Krisis in den betreffenden Gewerben eine chronische Verkehrsstockung zu machen, weil bei Wirtschaftskrisen ein wirklich radikaler Besserungsprozeß sich eben nur einstellen kann, wenn die Produktion für eine gewisse Zeit auf ein Minimum eingeschränkt wird. **Unter den nun einmal gegebenen Verhältnissen, mit denen noch auf Jahrzehnte hinaus gerechnet werden muß, vermag die Gemeinde in der Hauptsache nur Erd-, Bau- und Straßenarbeiten zu beschaffen.** Aus den Berichten der deutschen Städteverwaltungen wie aus dem bereits erwähnten englischen Blaubuch geht hervor, daß bei Veranstaltung von Notstandsarbeiten in erster Linie zu solchen Arbeiten gegriffen würde. Dabei handelt es sich meistens um Arbeiten, die unter freiem Himmel ausgeführt werden müssen. Es sind auch schon Versuche gemacht worden mit Beschäftigung in geschlossenem Raum, indem leichte von jedermann nach kurzer Unterweisung auszuführende Arbeiten, wie Anfertigung von Düten, Flaschenhülsen, Flechten von Stroh- und Binsenmatten u. dergl. beschafft wurden. Es erwies sich aber überall, daß solche Arbeiten für Notstandsarbeiten kaum in Betracht kommen können, weil der Absatz ein zu minimaler ist.

Endlich könnten Arbeitslose von den Gemeinden, welche für ihre eigenen Bedürfnisse, insbesondere für die Zwecke der Armenpflege, eigene Kleidermagazine unterhalten, dadurch mit Arbeit versehen werden, daß man sie auf Vorrat arbeiten ließe. In dieser Richtung ließe sich am leichtesten eine Beschäftigung weiblicher Arbeitsloser einrichten. Es ist aber klar, daß auch diese Art von Arbeiten nur in beschränktem Maße beschafft werden könnte.

Aus der Aufzählung der Arbeiten, welche für die Gemeinde in Betracht kommen können, ergibt sich zur Genüge, daß bei den Notstandsarbeiten noch lange nicht alle Arbeitslosen untergebracht werden können. Die Industriearbeiter, Bureauangestellten und Geschäftsgehilfen, die vermöge ihrer Berufstätigkeit gegen Witterungseinflüsse sehr empfindlich geworden sind, können bei den Arbeiten, auf welche die Gemeinde zur Beschäftigung der Arbeitslosen in erster Linie angewiesen ist, nicht untergebracht werden ohne schwere Gefährdung ihrer Gesundheit. Durch Beschäftigung bei diesen schweren Arbeiten würde zudem die Handfertigkeit für den früheren Beruf, zu dem sie doch möglichst bald zurückkehren sollen, verloren gehen. Es wird vielfach darüber geklagt, daß Arbeitslose sich weigern, die ihnen angebotene Arbeit zu verrichten. Der Grund, warum mancher Arbeiter davor zurückschreckt, seine Zuflucht zu den Notstandsarbeiten zu nehmen, mag häufig genug in der Besorgnis liegen, seine spezifische technische Geschicklichkeit und seine Gesundheit dabei einzubüßen.

Die Kategorie von Arbeitern, für welche noch am leichtesten Arbeit beschafft werden kann, sind die Erd= und Bauarbeiter. In unseren großen Gemeinwesen gibt es stets Straßen= und Bauarbeiten, die als notwendig und nützlich erkannt sind, deren Durchführung aber vor bringlicheren Aufgaben zurücktreten mußte. Man denke an die in unseren Städten notwendigen Sanierungsarbeiten und an die nach Abhilfe schreienden Wohnungsverhältnisse. Auf die letzteren Arbeiten legt namentlich Prof. Wolf einen ganz besonderen Wert, und wir stimmen ihm vollkommen zu, wenn er sagt: „Ich kenne keine größere und schönere Aufgabe für die Städte Deutschlands, als in planmäßiger Verwendung der hierfür geeigneten Arbeitslosen schrittweise die Lösung ihrer Wohnungsfrage anzubahnen: durch Niederlegung alter Häuser, durch Umbau noch brauchbarer, durch Anlage neuer, bei gleichzeitiger Verbesserung ihrer sanitären Verhältnisse im allgemeinen." — Notstandsarbeiten die Hülle und Fülle! Und wenn die Frage aufgeworfen wird, **woher sollen die Mittel zu diesen umfassenden Notstandsarbeiten genommen werden?**, so ist zu erwidern, daß die finanziellen Kräfte unserer Gemeinden so groß sind, daß sie auch die Gelder für diese Aufgabe so gut wie für andere finden werden, umsomehr als es sich dabei um eine eminent produktive Ausgabe handelt, durch welche die Arbeiter vor wirtschaftlichem Verfall geschützt, volkswirtschaftliche Werte geschaffen und unter Umständen finanzielle Erträge abgeworfen werden. Damit kommen wir zur **wirtschaftlichen Seite** der Notstandsarbeiten, über welche noch einige Worte gesagt werden müssen.

Die Notstandsarbeiten haben in erster Linie den Zweck, dem unverschuldet Arbeitslosen durch Gewährung von Arbeit und Verdienst eine bessere Hilfe zu leisten, als die Armenpflege. **Daneben sollen sie aber auch die Gemeinden vor Ausgaben bewahren, denen kein entsprechendes wirtschaftliches Äquivalent gegenübersteht**, wie dies bei der Armenunterstützung in der Regel der Fall ist. Die Notstandsarbeiten sind also in zweifacher Hinsicht als vorbeugende Maßregel gedacht; zunächst fassen sie die Person des Arbeitslosen ins Auge, den sie vor dem Anheimfallen an die Armenpflege bewahren wollen, und dann die Finanzen der Gemeinde, der sie Ausgaben ohne eine direkte wirtschaftliche Gegenleistung ersparen wollen. **Wir sehen, daß die Gewährung von Arbeit, die rechtlich von der öffentlichen Fürsorge der Armenpflege durch den Wegfall der politischen Folgen der Armenunterstützung verschieden ist, auch volkswirtschaftlich etwas anderes als die Armenpflege bedeuten soll.** Im volks=

wirtschaftlichen Sinne sind die Notstandsarbeiten von der Armenpflege nur dann verschieden, wenn durch sie wirtschaftliche Werte produziert worden sind, die wenigstens einen Teil derjenigen Kosten ersetzen, die der Gemeinde bei einigermaßen genügender Versorgung der Arbeitslosen durch die Armenpflege ohne Veranstaltung von Notstandsarbeiten erwachsen waren. Ist dies nicht der Fall, dann sind die Notstandsarbeiten immer noch eine bessere Form der öffentlichen Fürsorge als die Armenpflege; volkswirtschaftlich stehen sie aber, insofern die Aufwendung für die Person betrachtet wird, auf der gleichen Stufe wie die Armenpflege. Und weil soziale und politische Gründe die Notstandsarbeiten für eine Reihe von Arbeitslosen als die bessere Hilfe erscheinen lassen, so muß an ihnen festgehalten werden, selbst dann, wenn in den durch die Notstandsarbeiten geschaffenen Werten auch nicht ein Teil der Kosten ersetzt ist, welche durch Versorgung vermittelst der gewöhnlichen Armenpflege entstanden sein würden. Weit schwieriger gestaltet sich die Beantwortung der Frage, ob den Notstandsarbeiten vor der Armenpflege der Vorzug zu geben ist auch in dem Falle, daß die Notstandsarbeiten teurer zu stehen kommen als die Armenfürsorge. Aus vielen Berichten, die uns über Notstandsarbeiten vorliegen, geht hervor, daß diese Arbeiten für die Gemeinden eine recht kostspielige Sache geworden sind. Die ausgeführten Arbeiten sollen einigen Städten das dreifache gekostet haben, als sie bei Vergebung an Unternehmer gekostet haben würden, und die Kostendifferenz soll teilweise sogar so hoch gewesen sein, daß sie den für Armenversorgung notwendig gewesenen Betrag weit überschritten hätte. Schon aus finanzpolitischen Gründen halten sich deshalb viele Gemeinden von der Veranstaltung von Notstandsarbeiten zurück, indem sie die Armenpflege, welche weniger Geld kostet, vorziehen, insbesondere auch deshalb, weil sie wissen, daß sich zu den Notstandsarbeiten eine weit stärkere Personenzahl meldet als zur Armenversorgung. Vom rein finanzpolitischen Standpunkt aus läßt sich diese Stellungnahme der Gemeinden, für welche dabei nur die nächstliegenden Interessen der Gemeindefinanzen und der Steuerzahler in Frage kommen, wohl begreifen. Dennoch muß sie als kurzsichtig bezeichnet werden. Außer den wirtschaftlichen Interessen der Steuerzahler sind bei der an die Gemeinde herantretenden Frage, ob Armenfürsorge oder Beschaffung von Arbeit für die Arbeitslosen, allgemeine volkswirtschaftliche Interessen zu berücksichtigen. Beachtet man zunächst, daß sich tatsächlich sofort nach Veranstaltung von Notstandsarbeiten zu diesen Arbeiten viele Arbeiter melden, die sich alle Entbehrungen auferlegen, bevor sie sich an die Armenpflege wenden, die sich ihres letzten Hausrats entäußern und mit ihren Angehörigen oft bittere Not leiden, um nur nicht der Armenpflege anheimzufallen, so ist ja sicher, daß die Gemeindefinanzen bei Anweisung der Arbeitslosen auf das System der Armenunterstützung Geld ersparen. Diese für den Gemeindesäckel unmittelbar erzielte Ersparnis ist aber bei näherer Betrachtung sehr oft die mittelbare Ursache zu volkswirtschaftlichen Verlusten und weit größeren Ausgaben für die Gemeinden. Wenn der Arbeitslose jede Hilfe entbehrt, weil Arbeit, die er annehmen würde, nicht da ist, und die Armenpflege aus bekannten Gründen nicht angerufen wird, so haben wir darin — wie oben gesagt worden ist — häufig genug den Anlaß zu seinem wirtschaftlichen Verfall zu erblicken. Wenn aber bisher geordnete Existenzen, und mit solchen haben wir es gerade in unserm Fall zu tun, in Unordnung geraten, so gehen in ihnen volkswirtschaftliche Werte verloren, um schließlich das Gegenteil zu werden von dem, was sie früher waren. Bei längerer Arbeitslosigkeit tritt endlich doch ein Zustand ein, welcher den Arbeitslosen zwingt, trotz alles Widerstrebens die Armenpflege in Anspruch zu nehmen. Wir wissen aber alle, die wir in der Armenpflege tätig sind, wie dem Anheimfallen an die Armenpflege so leicht ein Herabgehen des Selbstgefühls, ein „moralisches Herabsteigen" folgt und wie schwierig es ist, hier wieder das „Hinaufsteigen" zu erreichen. Und wenn sich der auf seine wirtschaftliche Selbständigkeit stolze Arbeiter von der Armenunterstützung tatsächlich dauernd frei erhält, so ist ihm dies auch nur unter allerlei Entbehrungen möglich. Vor der „moralischen Krankheit", die das Anheimfallen an die Armenpflege so leicht verursacht, bleibt er vorläufig bewahrt; aber Entbehrungen aller Art und Unterernährungen bringen vielleicht ihm und seiner Familie physische Krankheiten, die endlich notgedrungen auch seine Existenz und wirtschaftliche Unabhängigkeit bedrohen.

Es ist also ein Trugschluß, wenn man zu sparen glaubt, indem man Armenpflege statt Notstandsarbeiten gewährt. Es ist vielleicht Geld in einem gegebenen Augenblicke gespart, diese Ersparnis aber sowohl durch später erforderliche Mehrleistungen, als auch volkswirtschaftliche und nationale Verluste — dabei denken wir auch an die zukünftige Generation, die in der Klasse, die uns beschäftigt, nur dann kräftig sein kann, wenn der Klasse die bestmögliche Form der sozialen Fürsorge wird — teuer genug bezahlt. **Gegenüber den finanzpolitischen Interessen der Gemeinden ist also zu betonen, daß die Beschäftigung, die dem Arbeitslosen Gelegenheit zu auskömmlichem Verdienst giebt, als Schutzwall wirkt gegenüber der Verstärkung der untersten sozialen Schicht unserer Gesellschaft.**

Die Nichtbeschäftigung der Arbeitslosen, deren Beschäftigung möglich ist, bedeutet aber für die Volkswirtschaft auch einen direkten Verlust. Es ist ein Verlust an Arbeitskraft. Die aufsteigende Entwicklung der Volkswirtschaft hängt wesentlich vom Umfang der Arbeitskraft des Volks ab. Diese Bedeutung hat aber die Arbeitskraft innerhalb unseres Wirtschaftslebens nur dann, wenn die verfügbaren Arbeitskräfte auch beschäftigt sind, wenn sie wirtschaftliche Werte erzeugt. Wir haben schon oben gesagt, daß nützliche Arbeiten, die im gewöhnlichen Gang der Verwaltung seitens der Stadtverwaltungen vor dringlicheren Aufgaben immer wieder zurücktreten müssen, in unseren Städten überall im Übermaß vorhanden sind, Arbeiten, deren Durchführung unsere Volkswirtschaft mit ökonomischem Kapital bereichern würde. Unter den historischen Beispielen sowohl wie in den neueren Berichten finden sich zwar Beschreibungen von Notstandsarbeiten, deren Resultat in Bezug auf Schaffung wirtschaftlicher Werte fast gleich Null ist. Geht man jedoch den Ursachen dieser Mißerfolge nach, so findet man bald, daß sie der schlechten Organisation zuzuschreiben gewesen sind. Greifen wir z. B. die so oft gegen die Veranstaltung von Notstandsarbeiten ins Feld geführten „Nationalwerkstätten" von 1848 heraus, so sehen wir ein planloses Experimentieren, Mangel an nützlicher produktiver Arbeit, Mangel an Kontrolle und Disziplin bei Annahme aller möglichen Elemente. Genau dieselben Schwierigkeiten, die den Nationalwerkstätten erwachsen sind, haben sich, wie das angeführte Blaubuch mitteilt und wie wir aus Erfahrung wissen, auch bei den von den Kommunen neuerdings in kleinerem Umfange unternommenen Notstandsarbeiten eingestellt; sie unterscheiden sich von jenen nur in der Größe, in der Art in nichts. Und warum? Weil die gleichen Fehler gemacht worden sind! Diese schlimmen Erfahrungen lassen sich also gegen die Notstandsarbeiten an sich nicht ausspielen. Denn wir haben auch Beispiele genug, welche lehren, daß aus Notstandsarbeiten ökonomische Werte hervorgehen können, die die Volkswirtschaft bereichern. Überall aber, wo dieser Erfolg festzustellen ist, sind die Arbeiten planvoll unternommen worden. Auch hat eine Auswahl unter den Arbeitslosen stattgefunden, wobei auch auf die Fähigkeit zur Verrichtung der vorhandenen Arbeit Rücksicht genommen worden ist. Ein solches Beispiel im Großen sind die während der „Baumwollenhungersnot" in Lancashire veranstalteten Notstandsarbeiten, über die Prof. Wolf schreibt, daß die Verwendung welche die Arbeitslosen damals durch die Gemeinden fanden, heute noch in der Sauberkeit und dem wenig gesundheitswidrigen Zustande der meisten Städte und Dörfer von Lancashire erkennbar ist. Ebenso ist es bekannt, daß neuerdings Gemeinden mit Notstandsarbeiten ganz gute Erfahrungen gemacht haben.

Um solch' gute Erfahrungen mit den Notstandsarbeiten zu machen, muß man allerdings den für ihre Organisation aufgestellten Grundsatz verlassen, welcher verlangt, daß nur Arbeiten zur Ausführung kommen, die von jedermann verrichtet werden können und die der privatwirtschaftlichen Unternehmung keine Konkurrenz bereiten. Produktive Arbeiten solcher Art gibt es einfach nicht. Bezüglich der Erdarbeiten z. B. ist es ein großer Irrtum, zu glauben, alle Arbeitslosen könnten diese Arbeiten leicht verrichten. Beschäftigungslose ohne kräftige Arme sind bei solch' groben Arbeiten nicht zu gebrauchen, wenn mit der Arbeit ein ökonomisches Resultat erzielt werden soll. Wenn öffentliche Arbeiten unternommen werden, so muß eben auch untersucht werden, ob der Arbeitslose für die vorhandene Arbeit der passende Mann ist, obgleich die Konsequenz dieser Auswahl eine Verkleinerung des Personenkreises bildet, welchem ein Arbeitseinkommen beschafft zu werden vermag.

Die Arbeiten, mit denen Beschäftigungslose beschäftigt werden sollen, müssen an sich nützliche sein, und zu den Arbeiten dürfen nur passende Beschäftigungslose zugelassen werden. Werden diese Forderungen berücksichtigt, so müßte es merkwürdig zugehen, wenn durch die Notstandsarbeiten keine wirtschaftlichen Werte erzeugt würden, welche die Kosten der Notstandsarbeiten ausgleichen. Hierzu kommen noch andere Momente, welche die Notstandsarbeiten wirtschaftlich vorteilhaft erscheinen lassen. Zu Zeiten wirtschaftlichen Niederganges und von Arbeitslosigkeit sind notwendigerweise die Preise der Waren und Arbeitslöhne billiger als zu Zeiten der Hochkonjunktur. In dieser Richtung ist von besonderem Interesse die Mitteilung, die diesen Winter seitens des preußischen Finanzministers im Abgeordnetenhause gemacht worden ist und in welcher angeführt wurde, daß die Eisenbahnverwaltung zur Verstärkung des Oberbaues der Eisenbahnen 8 Millionen M. ausgeben werde, die jedoch infolge Sinkens der Preise der Eisenindustrie durch eine Ersparnis von vier Millionen Mark zum Teil wieder ausgeglichen würden. Die Gemeinden handeln deshalb vielfach auch finanzpolitisch richtig, wenn sie in Zeiten wirtschaftlichen Niederganges und der Arbeitslosigkeit mit ihren billigeren Warenpreisen und Arbeitskräften mit Notstandsarbeiten vorgehen. Damit soll nun keineswegs dem so häufig angewandten Mittel niedrigerer Bezahlung der bei den Notstandsarbeiten Beschäftigten das Wort geredet werden. Nachdem die Forderung aufgestellt ist, nur Beschäftigungslose einzustellen, die für die Arbeit passen, muß auch eine angemessene Bezahlung des Arbeiters verlangt werden. Denn daran muß festgehalten werden, daß, wenn die Notstandsarbeiten überhaupt einen Wert haben sollen, sie nicht nur der Gemeinde und der Gesamtheit wirtschaftliche Vorteile bringen, sondern auch dem Arbeiter bessere Hilfe leisten müssen, als die Armenpflege. Während diese, wie sie im allgemeinen gehandhabt wird, nur ungenügende Hilfe gewährt, muß von den Notstandsarbeiten verlangt werden, daß sie dem Beschäftigten ein Entgelt gewähren, das ihm seine Existenz ohne Einschränkung der notwendigen Nahrungszufuhr ermöglicht. Es ist dies eine sittliche und sozialpolitische Forderung; der arbeitende Mensch soll in dem Entgelt für seine Arbeit die Existenz ohne Inanspruchnahme der Armenpflege ermöglicht erhalten, sofern nicht anormale Verhältnisse in seiner Familie die Armenfürsorge bedingen. Wenn der Notstandsarbeiter infolge niedriger Löhnung gezwungen ist, trotz Arbeit und Lohnes die Armenpflege anzurufen, dann fällt das sittliche Moment bei den Notstandsarbeiten weg und kein Mensch wird mehr glauben, daß die Fürsorge für den Arbeitslosen in der Form der Notstandsarbeiten eine höhere Form öffentlicher Fürsorge darstellt als die Armenpflege. Die Festsetzung der Löhne muß ja aus naheliegenden Gründen sich an die in der Privatunternehmung gezahlten Löhne halten, und es wird sogar nahezu einstimmig gefordert, daß die Bezahlung der Notstandsarbeit niedriger sein müsse, als die der freien Arbeit, um Arbeitermangel bei der Privatunternehmung und ungesunden Zudrang zu den Notstandsarbeiten zu verhüten. Auch die Berechtigung des letzteren Postulats ist anzuerkennen, doch nur so lange, als die Löhne bei Privatunternehmern die Existenz des Arbeiters noch ermöglichen. Trifft diese Voraussetzung nicht zu, dann fehlt es der Forderung, die Löhne für Notstandsarbeit unter dem in der Privatunternehmung bezahlten Lohnsatz zu erhalten, an innerer Berechtigung. Das Entgelt für Notstandsarbeit ist dann ohne Rücksicht auf die Privatunternehmung nach den oben angegebenen Grund=

sätzen festzusetzen. Mißbrauch der Notstandsarbeit ist nicht zu befürchten, wenn dafür Sorge getroffen wird, daß nur unverschuldet arbeitslos Gewordene zugelassen werden. Die Notstandsarbeiten, die ja trotz guter Organisation aus den verschiedensten Gründen immer etwas teurer zu stehen kommen werden, als wenn Vergebung der Arbeit an einen Unternehmer stattgefunden hätte, werden dadurch vielleicht noch teurer werden. In dem Mehraufwand bei Notstandsarbeiten sehen wir aber die Prämie, welche im Interesse der Gesamtheit ausgegeben wird, um sie vor größeren Verlusten zu bewahren, die dann eintreten müßten, wenn ein großer Teil der innerhalb unserer Volkswirtschaft vorhandenen Arbeitskraft brach liegen würde und Tausende von Arbeitern von der Höhe einer geordneten Existenz hinabgedrückt und infolge Unterernährung in ihrer wirtschaftlichen Leistungsfähigkeit geschwächt würden. Es liegt also in unserem nationalen und sozialen Interesse, daß diese Risikoprämie bezahlt werde.

Es bleibt nun noch übrig, aus unseren Untersuchungen über die Notstandsarbeiten die Schlußfolgerungen zu ziehen.

Da drängt sich vor allem die Erkenntnis auf, daß es unter den heute gegebenen Verhältnissen ganz außerhalb des Machtbereichs der Gemeinden liegt, in Zeiten von Arbeitslosigkeit durch Veranstaltung von Notstandsarbeiten allen Arbeitslosen die Möglichkeit zu geben, durch eigne Arbeit ihren Unterhalt zu erwerben, aus dem einfachem Grunde, weil es den Gemeinden an passenden Arbeiten fehlt, um alle Arbeitslosen mit Arbeit versorgen zu können.

Wenn die Notstandsarbeiten ökonomischen Wert haben sollen, dann ist es notwendig, daß zu den verfügbaren Arbeiten nur passende Arbeiter verwendet werden. Die Arbeiten, über welche die Gemeinden zum Zweck der Veranstaltung von Notstandsarbeiten am leichtesten verfügen können, sind in der Hauptsache Erd-, Straßen- und Bauarbeiten. Infolgedessen können durch Notstandsarbeiten im großen und ganzen auch nur Erd- und Bauarbeiter versorgt werden. Die Möglichkeit der Ausführung von Erd-, Bau- und Straßenarbeiten ist wieder häufig durch die Witterung bedingt; bei sehr kalter Temperatur ist eine Reihe von Arbeiten einfach undurchführbar. Das erste Ergebnis unserer Untersuchung ist also dieses: die Notstandsarbeiten sind in ihrer Wirkung als Mittel zur Abwehr der Arbeitslosigkeit und ihrer Folgen überschätzt worden. Wenn man die Gesamtheit der Arbeitslosen ins Auge faßt, so muß konstatiert werden, daß die Erwartungen, die man allgemein, in Arbeiterkreisen sowohl als in der Verwaltung, auf die Notstandsarbeiten in der Bekämpfung der Arbeitslosigkeit setzt, durch sie nicht erfüllt zu werden vermögen. Trotzdem messen wir den Notstandsarbeiten große Bedeutung bei, denn wenn sie auch nicht allen Arbeitslosen Arbeit verschaffen können, so sind sie doch geeignet, dies für eine starke Schicht innerhalb der Arbeiterbevölkerung zu tun, nämlich für die in unseren Städten so zahlreichen Erd- und Bauarbeiter. Für diese Kategorie von Arbeitern bedeutet

Die Einrichtung von Notstandsarbeiten.

in Zeiten der Arbeitslosigkeit die gut geleitete Notstandsarbeit eine voll=
kommenere, sozial und wirtschaftlich mehrwertige Hilfe, als
die der Armenpflege. Aus diesem Grunde ist es Aufgabe der Ge=
meinden, den Notstandsarbeiten größere Aufmerksamkeit zu schenken als bisher.

Damit die Notstandsarbeiten dem Kreise der Arbeitslosen, für den sie
zu wirken berufen sind, tatsächlich ein höheres Maß von Fürsorge bringen,
als ihnen durch die Armenpflege zu teil geworden ist und gleichzeitig auch
in volkswirtschaftlichem Sinn über der Armenpflege stehen, ist planvolle
Vorbereitung und planvolle Durchführung derselben Vor=
bedingung. Es genügt nicht, die Arbeitslosigkeit erst abzuwarten und dann
an die Beratung der möglichen Beschäftigungsweisen heranzugehen, um end=
lich zur Tat überzugehen, wenn wochenlange Arbeitslosigkeit schon bittere
Not in die Familie gebracht hat. Wie wir gesehen haben, gibt es neben
der Arbeitslosigkeit, die als Folge der Ungunst der wirtschaftlichen Kon=
junktur auftritt, eine mit der Eigenart gewisser Gewerbe zusammenhängende,
die zu bestimmten, vorauszusehenden Zeiten regelmäßig eintritt. Die Kate=
gorien von Arbeitern, für welche Notstandsarbeiten mög=
lich sind, haben jeden Winter ihre arbeitslose Zeit, die
sicher auftritt und nur in Umfang und Dauer durch die wirt=
schaftliche Konjunktur und die Witterung beeinflußt wird.
Gleichzeitig handelt es sich dabei um diejenigen Arbeitslosen, die
den Gemeinden in jedem Winter am meisten Schwierigkeiten
in ihrer Versorgung bereiten. Die Konsequenz dieser Tatsache ist
die, daß man die Notstandsarbeiten nicht länger mehr als eine ge=
legentlich erforderliche Maßregel ansehen darf. Weil jeden
Winter infolge von Arbeitslosigkeit mit dem Notstand einer starken Schicht
der Arbeiterbevölkerung gerechnet werden muß, welcher durch Notstands=
arbeit gute Hilfe geleistet werden kann, ist die Forderung aufzustellen,
daß die Gemeinden die Notstandsarbeiten zu einer regel=
mäßigen und dauernden Einrichtung machen.

Es sollten stets im voraus nützliche, zu Notstandsarbeiten geeignete
Arbeiten im Projekt fertiggestellt sein, die man aus finanziellen Gründen
zurückgestellt hat. Mittel für Notstandsarbeiten müßten in jedem städtischen
Haushalt vorgesehen sein. Erste Voraussetzung einer planmäßigen Organi=
sation der Notstandsarbeiten ist dann auch die Möglichkeit für die
Gemeinden, jederzeit einen Überblick über die Lage des
Arbeitsmarktes zu haben und über die Zahl der Arbeitslosen
unterrichtet zu sein. Wie hat doch im letzten Winter die Unkenntnis
dieser Verhältnisse so lähmend auf die Notstandsaktion der Gemeinden ein=
gewirkt! Es ist ja anzuerkennen, daß die Arbeitsnachweise in ihren Ge=
schäftszahlen wenigstens einen Anhalt für die Beurteilung der Arbeitslosig=
keit gegeben haben. Bei der Tatsache, daß die Arbeitsnachweise noch immer
nur einen kleinen Teil der Arbeitsstellen besetzen, bildeten ihre Zahlen keine
sichere Grundlage für die Notstandspolitik der Gemeinden. Und doch ist es
durchaus notwendig, daß die Gemeinde, die ihren Arbeitslosen Arbeit nach=
weisen will, wisse, in welchem Umfange Arbeitslosigkeit überhaupt besteht,
wie es mit Anwachsen und Abnahme derselben aussieht. So lange die

Arbeitsvermittlung so wenig in den städtischen Arbeitsnachweisen konzentriert ist wie heute, sind die Arbeitsnachweise außer stande, in ihren gewöhnlichen Zahlen eine Arbeitslosenstatistik zu liefern, die für die Zwecke der Notstandspolitik der Gemeinden verwendbar wäre. Die Gemeinden dürfen deshalb bei Anzeichen von Arbeitslosigkeit nicht zögern, selbständige Arbeitslosenzählungen vorzunehmen, womit nicht gesagt sein soll, daß Individualzählung erfolgen müsse, wie sie das Reich im Jahre 1895 vorgenommen hat. Es dürfte schon genügen, wenn nach dem Muster von Magdeburg und Stuttgart (System Dr. Silbergleit und Dr. Rettich) verfahren würde.

Nach dem, was wir ausgeführt haben, ist es kaum notwendig, nochmals hervorzuheben, daß es ganz ausgeschlossen ist, alle Arbeitslosen zu beschäftigen. Es muß unter den festgestellten Arbeitslosen Auswahl nach zwei Gesichtspunkten getroffen werden. Erstens sind nur die unverschuldet beschäftigungslos gewordenen Arbeiter zu den Notstandsarbeiten zuzulassen und auch diese nur insoweit, als sie außer stande waren, ihre Arbeitslosigkeit vorauszusehen und Vorsorge zu treffen. Zweitens sind von den Notstandsarbeiten auszuschließen alle diejenigen, die für die zur Verfügung stehenden Arbeiten nicht passen. Für die volkswirtschaftliche Bedeutung ist die Beobachtung dieser Grundsätze von der größten Wichtigkeit. Sodann muß, wenn die Notstandsarbeiten ihre moralische und soziale Wirkung nicht verfehlen sollen, verlangt werden, daß bei ihrer Organisation nach sozialpolitischen Grundsätzen verfahren werde. Bei den Notstandsarbeiten in unserem Sinne handelt es sich nicht um Armenpflege; die Grundsätze der Armenpflege sind deshalb nicht ohne weiteres auf die Notstandsarbeiten übertragbar. Die Verknüpfung der politischen Folgen der Armenunterstützung mit den Notstandsarbeiten verwerfen wir entschieden. Die Festsetzung des Entgelts für die Notstandsarbeiten darf ebenfalls nicht nach armenpflegerischen Grundsätzen stattfinden. Der Lohn muß so hoch sein, daß er dem bei den Notstandsarbeiten Beschäftigten die Existenz ermöglicht, ohne daß er genötigt ist, daneben noch die Armenpflege in Anspruch zu nehmen. Einen Unterschied zwischen dem Lohn der Familienväter und der alleinstehenden Arbeiter halten wir hingegen für durchaus gerechtfertigt und im Wesen der Notstandsarbeiten begründet. Die Notstandsarbeiten haben den Zweck, dem arbeitslosen Arbeiter über die Zeit der Arbeitslosigkeit hinwegzuhelfen. Es soll ihm seine Existenz gewährleistet werden. Ein weiterer Anspruch kann nicht anerkannt werden. Nun genügt dem alleinstehenden Arbeiter ein weit geringerer Betrag zur Fristung seines Unterhalts als dem Familienvater, welcher Weib und Kind mit zu ernähren hat. Der privatwirtschaftliche Grundsatz, für gleiche Arbeit gleiches Entgelt, der, nebenbei gesagt, ganz unsozial ist, hat bei Notstandsarbeiten keine Berechtigung. Was das Lohnsystem weiter anbetrifft, so erscheint mit Rücksicht auf Erreichung eines möglichst

Die Einrichtung von Notstandsarbeiten.

hohen Arbeitsquantums und im Interesse der fleißigen Arbeiter eine **Verbindung von Akkordlohn und Tagelohn** wünschenswert.

Notstandsarbeiten, die unter Berücksichtigung dieser Prinzipien planvoll vorbereitet und durchgeführt werden, sind sicher geeignet, einem großen Teil der Arbeiterbevölkerung während der Arbeitslosigkeit eine weit bessere, sozial höher stehende Fürsorge zu gewähren als die Armenpflege und die aus der Arbeitslosigkeit für die Volkswirtschaft hervorgehenden Verluste zu verringern, ohne die finanzpolitischen Interessen der Gemeinde zu schädigen.

Allerdings haben diese Notstandsarbeiten, wenn sie nicht mehr gelegentlich unternommen werden, sondern zur planmäßig vorbereiteten, dauernden Einrichtung geworden sind, auch ihre Schattenseiten. Schon jetzt müssen sich die Städte, die Notstandsarbeiten vorbereiten, dagegen wehren, daß ihnen die Fürsorge für Arbeiter zugeschoben wird, die nicht zur Bürgerschaft der Gemeinde gehören. Wir sehen deshalb überall die Beschränkung dieser Fürsorge auf Leute mit längerem Aufenthalt oder Unterstützungswohnsitz am Orte. Dieses Streben der Gemeinde, ungerechtfertigte Belastung von sich zu halten, ist sehr verständlich. Wenn nun gewisse Gemeinden aus den Notstandsarbeiten eine dauernde Einrichtung machen, so könnte die Wirkung leicht die sein, daß nach diesen Gemeinden ein starker Zuzug von Arbeitermassen stattfinden würde, die durch längeren Aufenthalt sich gewissermaßen ein Anrecht auf Arbeitslosenfürsorge erwerben könnten. Abgesehen von der finanziellen Belastung der Gemeinden müßte dieser nicht sowohl durch Arbeitsangebot als durch Aussicht auf Arbeitslosenbeschäftigung bewirkte Zuzug die Arbeiter schwer treffen durch die Vermehrung der Konkurrenz auf dem Arbeitsmarkt zu ihren Ungunsten. **Sollen die Notstandsarbeiten nicht diese schlimme Nebenwirkung haben, so ist nötig, daß dieselben nicht mehr länger in einigen wenigen Städten veranstaltet, sondern verallgemeinert werden.**

Es muß deshalb ein planmäßiges Zusammenarbeiten aller öffentlichen Bürgerschaften, die in der Lage sind, Arbeiten zur Beschäftigung von Arbeitslosen zu veranstalten, angestrebt werden. Einer gemeinsamen zielbewußten Aktion auf diesem Gebiete wird es gelingen, einem großen Teile unserer Arbeiterbevölkerung in den Notstandsarbeiten eine weit bessere soziale Fürsorge zu teil werden zu lassen als bisher und die Arbeiten selbst zu nützlichen, finanzpolitisch und volkswirtschaftlich berechtigten Unternehmungen zu machen.

Pierer'sche Hofbuchdruckerei Stephan Geibel & Co. in Altenburg.

Printed by Libri Plureos GmbH
in Hamburg, Germany